Cuba: La Isla Prisión

Ed Prida II y Edward Prida III

Registration Number: TXu -1-713-911
Eduardo R. Prida
January 10, 2011
West Palm Beach, Fl.
COLLECTION: INTELLIGENCE POLITIC Volume 6

Dedicatoria:

Dedicado a los que preguntan quién?, por qué?, ¿cómo? estamos "como en una fortaleza sitiada" y en especial, a los ejecutores del "sitio" para que vean donde han llevado la destrucción.

Ed Prida II

Contenido

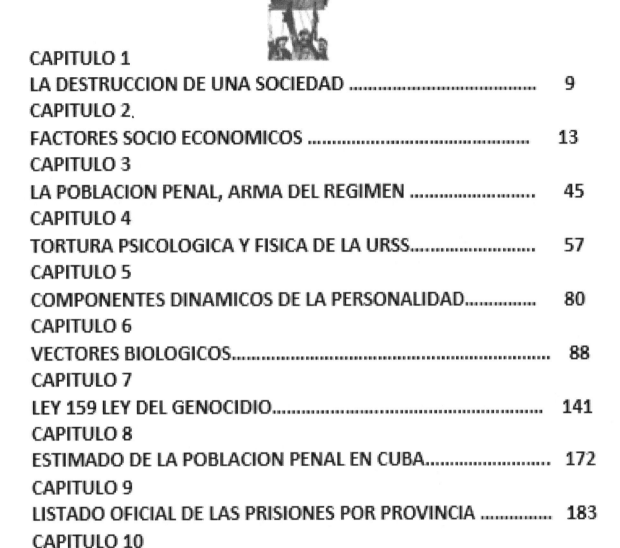

CAPITULO 1

LA DESTRUCCION DE UNA SOCIEDAD

(Parte del libro titulado "La Sovietización de Cuba y sus Consecuencias" de Ed Prida y Douglas Prida)

Introducción

La manera en se comportan los indicadores sociales nos proyectan la imagen de un país sometido a una destrucción material y espiritual para mantenerla en una total dependencia a las migajas de beneficios imprescindibles para la vida, de esta manera poco comprendida el estados totalitario puede obtener el máximo de subordinación de toda la ciudadanía.

Si estos mismos factores los comparamos con países del área geográfica como socorrido método de comparar, podríamos retroceder en el tiempo y explota ante nuestros ojos, la certeza la destrucción sistemática, escondida detrás del invento de un enemigo y las expectativas de éxito de nuevos planes que jamás producen bienestar, sino más limitaciones para crear más dependencia al Estado. Nos anuncian éxitos y recibimos cada vez más fracasos.

El costo en vidas humanas y años en prisión a un altísimo número de ellos, podríamos afirmar que toda la población penal de Cuba es por razones políticas, porque la política del sistema ha sido eliminar todas las vías posibles de Derechos y supervivencia como un grupo humano normal, viviendo de su trabajo y su esfuerzo, el cual es coartado por el régimen. tanto por razones puramente políticas o inducidas por las condiciones políticas imperantes de mantener la subordinación y la dependencia total del individuo al Estado.

La economía como ciencia no solo nos brinda datos del ambiente material donde el individuo interacciona, sino también proporciona una explicación racional y científica para analizar, modelar y pronosticar los efectos de las normas y sanciones legales sobre el comportamiento de los individuos.

El individuo asediado de necesidades y limitaciones deduce un pensamiento elemental para orientar su conducta en base del análisis del riesgo que puede correr para resolver sus necesidades y el costo en sanción que podría recibir si tiene la probabilidad de ser capturado y procesado.

Los economistas identifican las sanciones impuestas por las Leyes con los precios de los artículos u objetos que pueden resolver las necesidades del individuo, de hecho, utilizando la Ley general de la lógica, se parece mucho a la respuesta del individuo a los precios, así como el individuo consume menos de los precios altos y los precios están más altos porque tiene un mayor costo de producción o valor de uso...de hecho se resume en la Ley de la Oferta y la Demanda.

Cuando nos referimos a sanciones sucede algo semejante, las más altas sanciones son menos frecuentemente utilizadas, pero cuando todas las sanciones y los precios son altos, entonces el individuo carece hasta de la posibilidad de escoger, se le impone al individuo el despliegue de conductas máximo riesgo pagando los precios más altos, buscando o no evadiendo los altos riesgos: así entonces la sociedad se hace completamente ingobernable, las norma jurídica y sus sanciones pierden el significado porque no hay ni una gama amplia para buscar cómo resolver con mínimo precio o riesgo de ser sancionado.

Vemos con este ejemplo, como un tiránico gobierno que trata de resolver un caos económico y financiero con amenazas de altas sanciones, limitando las probabilidades del individuo de resolver sus problemas a su vez creados por el régimen, que cada vez crea mayores problemas para mantener su control político y su seguridad.

Todo se diseña para que la fuerza represiva de la Ley le restrinja sus derechos, esto hace que la cantidad de rupturas de la norma jurídica impuesta aumente directamente proporcional a la intensidad de la necesidad.

Como estamos viendo, se establece una pugna entre ciudadano y el Estado: el Estado crea dificultades y limitaciones y el Ciudadano tienen que quebrantar estas normas para sobrevivir con el riesgo de ser sancionado severamente por algo que en si le pertenece.

Así podemos observar, que la respuesta del individuo acorralado por las leyes y la necesidad intensa es muy parecida a su respuesta a los precios. Los individuos responden a precios altos consumiendo menos de los bienes más caros, y posiblemente los individuos responden a sanciones más severas dedicándose menos a las actividades sancionadas, otra variable es la intensidad de la necesidad del individuo, a mas necesidad busca pagar precios altos.

La economía facilita un derrotero u orientación por lo riguroso de sus herramientas matemáticas y estadísticas, la Economía nos aporta una eficiente luz para donde sea necesario desarrollar la forma de resolver las necesidades materiales siempre crecientes del individuo.

La economía aporta el entorno más general del ser humano y desarrolla formas de interacción bien definidas, sus normativas devienen en un sistema legal y una política judicial y criminológica definida a favor de salvar y reeducar al individuo; su objetivo, por tanto, es lograr objetivos sociales y políticos a un bajo costo en cuanto a sanciones jurídicas o castigos.

El Castrismo ha demostrado en el tiempo, hacer todo lo contrario, cada paso económico ha incluido limitaciones, sanciones y que el sistema jurídico dentro de un régimen totalitario donde las sanciones están pre establecidas por la política judicial que viene de la instancia superior del Partido Comunista, se convierte el acto del Juicio de Juicio Oral en una escena, sin trascendencia, las sentencia en general vienen ordenadas por el Departamento Jurídico del Partido en todas sus instancias, nacional provincial y municipal.

Se impone destruir el sistema y sus ejecutores, porque como ha sido demostrado con la esperanza de la perestroika y la glasnost y la caída estrepitosa de la URSS, cuando pensábamos que se acabó el comunismo, hubo un error y no se destruyó el sistema y los personajes, no intervino la Justicia para que fueran legalmente alejados del poder por las injusticias cometidas contra la Humanidad, entre ellos nosotros con la toma de nuestro país y los comunistas cambiaron las caras pero no las intenciones, mantuvieron, y así tenemos de nuevo el fantasma del comunismo hasta dentro de nuestros hogares, nuestra escuelas, nuestros gobiernos y ahora llamado Rusia.

Sin una metodología establecida académicamente y las limitaciones de la opacidad a los comportamientos de los factores sociales, los invito a este análisis siempre entre la limitación de todos los recursos estadísticos, muchos ausentes al interés público.

Analizamos el comportamiento de algunos factores que demuestran hasta donde se destruye una nación con el plan subversivo del enemigo, que el régimen sigue ejecutándolo al pie de la letra, quizás en parte descubrimos la punta del iceberg, por lo menos del por qué de las limitaciones mantenidas durante más de medio siglo y las promesas y castigos siguen en pie.

CAPITULO 2

FACTORES SOCIO ECONOMICOS

Satisfacción con la vida	79% Insatisfechos
Delitos	Desconocido parametro
Nivel de vida: 328 per cápita/anual Anexo	A (ocupa el 129no. Lugar)
Suicidios	17.8 / 100,000 (Record Mundial)
Divorcios	Ver Anexo**
Consumo de Alcohol	Desconocido parámetro
Consumo de Psicofármacos:	6 veces mas que Francia
Consumo de Drogas Ilegales *	Desconocido parámetro
Cantidad de Periódicos Publicados:	3 Periódicos Nacionales
Cantidad de Radio Receptores/persona	Desconocido parámetro
Cantidad de Emisoras de Radiodifusión	Desconocido parámetro
Cantidad de Estaciones de Televisión	2 Emisoras de TV
Cantidad de TV/persona	Desconocido parámetro
Prostitución	Desconocido parámetro
Índice Habitacional	3.5 m2/hab
Tendencias Migratorias	70% desea emigrar
Deserción Escolar	Desconocido parámetro
Cantidad de Prisiones***	547 prisiones/275,000 presos
Homicidios	Desconocido Parámetro

Robos: Desconocido parámetro, medio principal de subsistencia

Si cualquier cubano de cualquier nivel hace un inventario a conciencia de los artículos que tienen para uso en su hogar y los que consume, un alto por ciento de los artículos s no han llegado "legalmente a sus manos" de acuerdo a las leyes vigentes.

El nuevo uso del verbo "resolver" es denotativo de una amplia gama de la población cubana, hablando en cubano, es sinónimo de burlar o pasar por encima de las leyes impuestas por el régimen, "te resuelvo y tu me resuelves" nueva forma contractual de intercambio de favores, artículos o cualquier uso de la fuerza contra la estructura del Estado. Corrupción es el divino tesoro que genera los privilegios que obsequia el Partido, sin transacción financiera es solo la posibilidad de usar el poder. Esta modalidad es de uso exclusivo de aquellos que juegan el role de jefes o dirigentes políticos, los pobres, los negros, los opositores, no tienen acceso a cometer o obtener lo necesario por estas vías.

El robo y el hurto son la forma delictiva en la Cuba socialista, traspaso de propietario de artículos utilizando la nocturnidad, el escalamiento, la fuerza o el descuido del propietario original. Esta categoría delictiva es absoluto territorio de los no militantes, de los no privilegiados, quizás el 98% de la población, los que no son parte del sistema político.

Los militantes del Partido y la Juventud Comunista Ellos son los ciudadanos "más morales y cumplidores de las Leyes", muy perfectos porque si roban lo hacen cubiertos con el carnet del PCC, como se dice están "autorizados" en los casi 10 años de trabajo en la actividad jurídica jamás pude tener el privilegio de ver juzgar a un militante por robo o hurto, violación, estupro, o cualquier delito común, incluso en los accidentes de tránsito jamás tienen la culpa, ellos tienen la posibilidad de hacerlo por encima de la Ley o por debajo, como mas te guste.

***Las normas de comportamiento de los delincuentes se han acomodado y generalizado su introducción a las normas de comportamiento del resto de la población en primer lugar por la cantidad de personas que han pasado por las prisiones donde han asimilado lenguaje, liderazgo, role, norma y estatus se ha convertido en modo universal en la forma de actuar y pensar del ciudadano cubano hoy, incluyendo la TV y Cine son portadores de las neologismos, gesticulación y normas de conducta delincuencial. Un importante factor también lo aporta un modo de vida de supervivencia donde la fuerza y la violencia garantizan la existencia como en las prisiones.

Consumo de Drogas y Estupefacientes (Psicofármacos)
El régimen es hipócrita esencialmente es capaz de alentar a los movimientos llamados liberación como ha hecho en México, Perú, Haití, Santo Domingo, Jamaica, Colombia y Venezuela para desmoralizar y desestabilizar la sociedad norteamericana con las drogas, por otro lado produce y exporta drogas y por otro lado, montan un aparataje estatal para combatir el consumo de drogas.

Esta es la ley contra el consumo de drogas en Cuba, donde se ha generalizado en la juventud, el tatuaje, la homosexualidad, el fumar, la promiscuidad y el consumo de drogas a todas las edades y a todos los niveles, en zonas urbanas o rurales...de donde se obtiene esa droga, si existe un control absoluto de lo que entra en el país, vemos toda esta ley, mientras por otro lado de manera confidencial manejan la destrucción de la sociedad por todos los medios, incluyendo la droga.

"El Plan Maestro de la República de Cuba para la lucha contra el tráfico ilícito de drogas, programa gubernamental dirigido a dar respuesta a las resoluciones y recomendaciones dictadas por las Naciones Unidas, continúa aplicándose en correspondencia con las evaluaciones que de forma periódica se realizan de acuerdo con las afectaciones presentadas. De igual modo, se fortalece constantemente el Programa Nacional Integral de Prevención del Uso Indebido de Drogas (PNIPUID), que instrumenta las acciones en este campo en todas las provincias y s, incluido el trabajo comunitario y con las familia, vinculando con las actividades sectoriales que desarrolla cada institución, fundamentalmente Salud Pública; Educación Superior; Educación; Deporte, Cultura Física y Recreación; Cultura; Turismo y Agricultura. En este programa nacional se mantiene como objetivo principal preparar a la población cubana para evitar el uso indebido de drogas, consolidando los esfuerzos del Estado y la sociedad en la creación y mantenimiento de espacios que favorezcan el desarrollo integral y saludable del individuo, y que estimulen la realización de actividades alternativas. Ejemplo de ellos resulta el Programa Nacional para la Prevención del Uso Indebido de Drogas y la

Drogodependencia, rectorado por el Ministerio de Salud Pública que se sustenta en tres pilares esenciales:

1. Información, orientación, consejería y apoyo psicológico.
2. Atención a personas consumidoras de drogas y sus familiares.
3. Atención a las urgencias Como parte de dicho programa desde el año 2003, se creó la Línea Confidencial Antidrogas, servicio que funciona las 24 horas de forma gratuita y confidencial, a través del cual se brinda atención a las necesidades de orientación que demanda la población para casos de adicciones y otras temáticas relacionadas...."

Aquí lo tienen,...en mayo 29 del 2019...sucedió...
"Las autoridades de Panamá incautaron este fin de semana un cargamento de

cocaína salido supuestamente de Cuba y con destino a Europa, aunque no han esclarecido aún la procedencia exacta de la droga y no descartan su posible introducción en el propio país itsmeño.

MinSeguridadPA
@minsegpanama

Unidades del @SENANPanama ubican 46 maletines con 1,517 paquetes de sustancias ilícitas en Puerto de Cristóbal, provincia de Colón, procedente de Cuba con destino final a Turquía.

Un comunicado del Servicio Aeronaval del Ministerio de Seguridad Pública panameño, confirma que fueron decomisados 1,517 paquetes de cocaína en un operativo de inteligencia. La carga arribó a Puerto de Cristóbal, en la provincia de Colón, proveniente de la jurisdicción portuaria de Cuba con destino final a Estambul, Turquía, aunque el barco atracaría previamente en Rotterdam, Holanda."

*El consumo de droga en Cuba es conocido, aunque oficialmente no se había reconocido si los turistas no la pueden importar, los emigrados cubanos que visitan la Isla son completamente examinados, de donde sale la droga, es que la lluvia trae cocaína a Cuba, sencillamente sabemos que el propio gobierno utiliza los delincuentes de intermediarios, en ocasiones fui testigo en la prisión de Quivican en 1995, hubo presos connotados, supuestamente fugados de la prisión, estaban unos meses fuera vendiendo la droga a los turistas canadienses y españoles y a quien tenga dólares, ellos trabajaron según me confiaban, traficaban cocaína alrededor del hotel Douville en la Habana y después los regresaban a la prisión, les prometían rebajas de condena según cumplan las misiones.

Median el polvo de cocaína con una chapa de refresco, desconozco el precio y la jefa era una mujer rubia grande, escoltada por varios sicarios conocida por Shogun (Short Gun), sus escoltas usaban escopetas recortadas y se movían en un grupo de autos como su escolta.

Digamos que el gobierno produce, venden internamente y la exportan…en dólares, esta es la razón fundamental de utilizar el dólar como moneda circulante, en territorio que se auto califica de "enemigo de los Estados Unidos", es bueno saber que el dólar circulante es un manto o cobertura de otros delitos como el lavado de dinero y otras estafas al Departamento del Tesoro de Estados Unidos utilizando falsos números del dinero circulante deteriorado por el uso, etc.

Otra forma importante de consumos es la mezcla de psicofármacos con alcohol u otras sustancias químicas espirituosas como los pegamentos, la gasolina, inhalaciones de plantas como la campana, etc. cualquier toxico que produzca trastornos de los procesos psicológicos es llamado droga.

**Los divorcios, factor de consecuencias insalvables y sus causa objetiva más evidente es la inexistencia de viviendas, nivel de miseria incompatible con la familia, abrumadora carga de los individuos, desorden de las reglas de convivencia social y familiar, factor ideológico inducido de la Igualdad de la Mujer, el sexo libre, sexo inter racial, fobia de género, etc.

La satisfacción con el Sistema
Al comienzo de la Perestroika en la URSS, el propio Partido Comunista de ese país hizo público una encuesta realizada entre militantes del Partido y los resultados fueron sorpresivos para sus dirigentes, que pensaban que sus miembros se sentían muy satisfechos con su obra.

Carlos Aldana, un día hablaba a favor de la Perestroika y otro día la criticaba, pero tratando de ser inteligente y audaz según pedía Fidel Castro a los dirigentes... al frente del Departamento de Orientación Revolucionaria, como ellos le llaman a la SUBVERSIOON POLITICA, trato de hacer lo mismo que los soviéticos, sin contar con el Departamento de Organización al mando del Dr. Machado Ventura, Carlos Aldana a través de la Dirección Política del Ministerio del Interior le oriento que aprovechando la entrevista a cada militante por un dúo, durante el proceso de Renovación del Carnet del Partido, debían hacer preguntas sobre la satisfacción del papel de militantes y sobre las tares que ellos desempeñaban... las respuestas una vez tabuladas fueron alarmantes, la insatisfacción con las normas de trabajo y elección de dirigentes del Partido eran rechazadas por más del 90% de los militantes, la insatisfacción con lo que el Partido había alcanzado para el bienestar de la población, alcanzaba casi el 100%, así esa encuesta estuvo en mi poder por azares de la vida en un floppy está en mi sentencia por la cual cumplí prisión.

Los más significativo es que el 100% están insatisfecho con el desarrollo del turismo y el incremento de los subproductos que trae como la droga y la prostitución, esta encuesta se efectuó en el año 1988, aun poco tiempo antes del llamado Periodo Especial.
Copias de esta encuesta con diferente titulo las utilice para dejarla dentro de libros secretos de oficiales que obtenía dentro de diferentes unidades militares y los dejaba en diferentes paradas de ómnibus para que además de la credibilidad de estar dentro de un libro secreto llegara a otras autoridades del país el importante contenido, producto de esta operación de diseminación de un rumor, Carlos Aldana, fue sustituido y sancionado inmediatamente.

Revista Opina hizo encuestas muy serias sobre la opinión del pueblo sobre la distribución de artículos de consumo e inserto algunas preguntas sobre los privilegios de algunas capas de población sobre otras y los resultado sancionaban directamente a la dirigencia del país. En todos los casos lo responsables de diseñar estas encuestas fueron sancionados.

Nivel de vida

Las principales características de la distribución del Producto Interno Bruto, determinado por regulaciones políticas y jurídicas, hacen que sea peor la dinámica que sufre el típico ciudadano cubano, específicamente la tarea diaria de buscar la manera de satisfacer sus necesidades básicas como la alimentación, servicios médicos, vivienda y ropa en un marco jurídico limitado.

Teniendo los datos disponibles, es posible conocer la situación desastrosa que el régimen esconde. El salario promedio de la población laboral activa de 4,816,400 personas es, de acuerdo a datos proporcionados por Cuba (Oficina Nacional de Estadísticas, el siguiente:

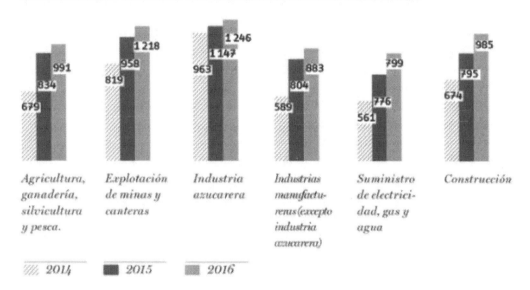

SALARIO MEDIO MENSUAL POR CLASE DE ACTIVIDAD ECONÓMICA

Promedio General en Cuba	
2012	466
2013	471
2014	584
2015	687
2016	740

Estas cifras en pesos cubanos equivalen a cifras crecientemente escuálidas en moneda internacional por el inmenso deterioro de la equivalencia del peso con el dólar debido al gigantesco deterioro de la capacidad productiva, a la rebaja de la capacidad exportadora y al enorme proceso inflacionario, determinado por el capacidad exportadora y al enorme proceso inflacionario, determinado por el desenfrenado crecimiento de los gastos militares, los dedicados a la represión, a la exportación de recursos a organizaciones y militantes internacionales encargados de hacer la revolución y crear el respaldo externo a la política nacional e internacional de Cuba, y demás desembolsos dedicados a la política y no a la economía.

El Gobierno cubano dejó de reportar a las organizaciones internacionales (NU, CEPAL, etc.) las estadísticas de consumo del país para esconder ese enorme fracaso y pretendió despistar a los inocentes hablando de la no equivalencia entre las cifras del país y el resto del mundo por la gratuidad de la educación y la salud (únicos elementos del consumo gratuitos), como si solo en Cuba la educación y la salud son supuestamente gratuitos..

Lo irracional, mentiroso y sibilino de ese argumento es que en Canadá y la mayoría de los países europeos también el cuidado de la Salud es gratuito o de muy poco costo y en países como EEUU la educación desde el nivel primario hasta el secundario superior es también gratuito pero con una calidad muy superior en contenido y forma y al mismo tiempo los volúmenes de ingreso y consumo per-cápita son inconmensurablemente superiores, la calidad de la vida es mucho más alta y la asistencia social muy superior.

Pero aun, es increíble como la memoria colectiva ha sido borrada, en Cuba hasta 1960, la educación rural o urbana era gratuita desde la primaria hasta la universitaria, con infinidad de escuelas técnicas y de magisterio para todos los niveles, sin discriminación de militancia, de sexo, religión o edad. Siendo la población de negros y mestizos del 10% de la población en las universidades, en especial en Derecho y Medicina se graduaban más del 25% de negros y mestizos. Hasta la presidencia del país estaba ocupada por un mestizo, Fulgencio Batista.

El enorme desastre económico producido por la nacionalización arbitraria de las industrias, las empresas, la banca, la minería, la industria azucarera, el comercio interno y externo, la educación, la agricultura, la ganadería, las operaciones portuarias, el transporte de todo tipo y de cuánta actividad privada existiese introdujo una contracción al menos del 40% en el volumen del Producto Bruto y de esa cantidad disminuida se produjo un desbalanceado crecimiento arbitrario y secreto de la defensa, de las instituciones represivas y de organizaciones parasitarias como la Central Sindical, los Comités de Defensa de la Revolución, la Federación de Mujeres, Los Campesinos, los sindicatos y todo un conjunto de organizaciones encaminadas únicamente a asegurar la coerción a las masas y la total obediencia a los dictados del gobierno, TODO UN PLAN SUBVERSIVO AL ESTILO SOVIETICO.

Cientos de miles de personas recibieron nombramientos para estas actividades, sin producir nada, y las plantillas de los aparatos estatales, provinciales, regionales y municipales se inflaron para asegurar "las correas de transmisión" del ordeno y mando.

La combinación lineal del colapso económico productivo y la explosión de gastos para el aseguramiento político del ordeno y mando logró que cada ciudadano dispusiera del 10 al 15% de lo que disponía antes y la falacia de la libreta de racionamiento, el valor de cambio artificial de la moneda llegó a su climax en 1968 con "la ofensiva revolucionaria" un proceso clonado del Gran Salto Delante de Mao-Tse-Tung 10 años antes.

Al igual que aquel, su inmediato resultado fue un hambre, miseria, y deterioro de los valores morales y espirituales galopante. En China hubo millones de seres humanos que murieron de hambruna, en Cuba enfermaron de cuantas carencias alimentarias existen y el terror revolucionario se apodero definitivamente del método de gobierno.

Las consecuencias de este nefasto método sistemático de apoderarse del poder y de la voluntad de los ciudadanos para prevenir todo tipo de disensión trajo inmediatas consecuencias sociales de inestabilidad familiar, promiscuidad social, disfunción de todo tipo de relaciones que no fueran el ordeno y mando impuestos.

Para terminar de liquidar la familia, se trasladó al campo a los estudiantes secundarios, secundarios superiores y buena parte de los universitarios, en albergues-escuelas donde se erradicó todo tipo de respeto a la familia y se promovió la promiscuidad oficial, la delación y el oportunismo basado en la mentira y el disimulo.

Las cifras sociales muestran el desastre en divorcios, asesinatos y delitos derivados de la penuria, la escasez y la promiscuidad. El crecimiento de los delitos vino acompañado del crecimiento penal con una espiral que no ha dejado de crecer, como no ha dejado de actuar el modelo adoptado sobre la infeliz sociedad cubana por orden de Moscú.

Método de cálculo: Dado que la población laboral activa recibe un salario promedio de $330.00, la cantidad de dinero recibido por esta es $1,589,412,000. Pero esas personas, con ese salario, mantienen al resto de su familia, compuesta por niños, ancianos, mujeres amas de casa, etc., por lo que esta cantidad debe compartirse con el total de la población. Entonces, al dividir esta cantidad entre la población total, que según el Censo de 2003 es 11,263,429 habitantes, queda demostrado que el per cápita real de la población cubana como promedio es de $141.11 en moneda nacional., equivalente a US$5.22, al ser $27.00 el cambio entre la moneda nacional y el dólar.

Por lo tanto, para mostrar esto más gráficamente, redondeamos que el salario diario por habitante de $0.18. A fin de tener un referente, diremos que como norma mundial de pobreza absoluta se utiliza ampliamente el dato de menos de $1 por día ($365 por persona cada año) y el Banco Mundial utiliza el valor de $2 por día como un reflejo de las líneas de pobreza de los países de ingresos de bajos a recursos.

Divorcios

La ruptura de los nexos jurídicos de la pareja impacta gravemente en la cohesión de la familia, entiéndase que los hijos ha sido un factor que ha impactado gravemente en la estabilidad emocional y afectiva de las nuevas generaciones de cubanos, proyectándose a nivel social como la incapacidad de mantener normas adecuadas de conducta en la escuela, en el centro laboral y en general a nivel social.

La incapacidad de asimilar normas coherentes con las necesidades materiales y las vías de satisfacción hacen que el individuo genere patrones fuera del control estricto y de la limitación de derechos elementales impuestos por el régimen para mantener una estabilidad de poder aparente.

La relación individuo/medio social pudiera compararse a una espiral descendente, donde el individuo, a través de toda su vida, va "dibujando" piezas de su conducta. Durante toda su vida, el individuo con frecuencia tiene la necesidad de ir más allá de los límites impuestos por la ley para obtener lo que es esencial para la vida del individuo y la familia. Estas vías, ilegales, dominadas por la generalización y lo que pasa cada día, devienen de hecho, en conductas de elevado riesgo jurídico, contribuyendo a la ruptura de vínculos matrimoniales, entre otros. Incluso las estadísticas de los últimos años son incompletas, ellas muestran cómo la tendencia de aumento del desequilibrio, generado por la dictadura, destruye la formación legítima de la familia, base elemental de toda sociedad.

Se conoce que la motivación por el matrimonio ha tenido causas ajenas al mismo tales como el privilegio para adquirir comida y bebida para los festejos de la boda y la posibilidad de luna de miel en un hotel; esto pudiera ser la razón del pico en la cantidad de matrimonios. Pero por otra parte, la familia real que se ha establecido y ha tenido hijos, hayan sido dentro o fuera del marco jurídico, su destrucción basada en los valores históricamente aceptados en nuestra cultura judeo-cristiana y la disolución del matrimonio ampliamente han tenido un impacto en diversos fenómenos sicosociales relevantes y en el desarrollo armónico y saludable de la personalidad de las nuevas generaciones.

De acuerdo a datos tomados de publicaciones cubanas, el comportamiento de matrimonio-divorcio se conoce solo de dos años (1995 y 1999), en los demás años no existe esa dicotomía:

El índice de divorcios en Cuba aumentó en 2013, con mayor fuerza en los matrimonios de 15 años y más de duración, según refirió el Anuario publicado por la Oficina Nacional de Estadísticas e Información (ONEI). Luego de tres lustros rompieron su vínculo conyugal 10 mil 689 parejas, cifra superior a la compilada en 2012 con un total de 10 mil 173, mientras que de tres años a cinco de unión se divorciaron seis mil 260.

- **Cuba tiene el mayor índice de <u>divorcio</u> de Latinoamérica**

- **Cuba tiene uno de los mayores índices de <u>abortos</u> del mundo.**

- **El nivel educacional promedio de la población adulta es de 9 grados de estudios.**

- **Población económicamente activa: 4,4 millones de personas, casi un 50 % del total de esas edades, con una tasa oficial de desempleo del 3 % aunque otras fuentes lo estiman en el 30 % partiendo de las cifras informadas por Cuba a la <u>OIT</u> al ser elegida como miembro de su Consejo de Administración. Con un alto nivel técnico y profesional.**

- **Más del 18 % de la población económicamente activa es , teniendo un alto nivel educacional en especialidades como medicina, educación, economía, profesiones técnicas, ciencias sociales, entre otras especialidades. Cuba exporta, a varios países los servicios de sus profesionales como Venezuela, Bolivia, Brasil, Sudáfrica, Angola, entre otros, siendo la exportación de servicios profesionales la principal fuente de divisas del país.**

- **Cuba es uno de los países del mundo que más profesionales y técnicos pierde por concepto de <u>fuga de cerebros</u> (emigración); este personal emigra fundamentalmente hacia <u>Estados Unidos</u> y <u>Europa</u>. En los últimos 30 años emigraron desde Cuba cerca de 15 000 médicos, más de 10 000 ingenieros, y más 25 000 licenciados en distintas especialidades; así como un sin número de técnicos medios y obreros calificados.**

La mayoría de los divorcios en 1999 se situó entre las edades de 25 y 29 años. En el citado año, en los matrimonios entre tres y cinco años hubo 9,787 divorcios, y entre matrimonios de seis y nueve años fueron 10,615 divorcios.

Como dato importante, el 78.1 por ciento de los divorciados vivían con los padres de uno de los dos, la no fabricación de nuevas viviendas en la cantidad

necesaria trae como consecuencia un bajo índice de metros cuadrados por persona lo cual genera, al igual que en otras especies animales, el aumento de la agresividad por la llamada "interacción indeseable" o "hacinamiento poblacional", ampliamente estudiado por los psicólogos.

Se sabe que una de las causas probables que contribuye al aumento astronómico de la disolución de matrimonios, entre otras, puede estar afectando directamente la indecisión o la confusión de roles creados por el sistema ideológico marxista dentro del ambiente familiar, así como la escasez de bienes materiales para satisfacer las demandas individuales dentro de la familia.

Posibles motivos del aumento de la disolución matrimonial:

Nivel Económico:
Incapacidad del régimen de facilitar viviendas a las nuevas familias.
Escasez de bienes materiales para satisfacer demandas de la familia
Factor Emigración
Inestabilidad del asentamiento territorial y habitacional de la pareja
Ausencia temporal involuntaria de uno de los miembros de la pareja (misiones internacionalistas, prisiones, ubicación de trabajo, etc.)
Nivel Psicosocial:
Instigación ideológica de valores marxistas en la relación Hombre-Mujer-Familia

Ordenamiento jurídico del Código de Familia

Nivel Psicológico:
Ausencia de un modelo familiar como imagen ideal

Incapacidad operacional de la adaptación a los patrones ideológicos impuestos por el   régimen

Frustración y confusión creada en la pareja por la incapacidad de asimilación   y adaptación de estos roles y estatus creados artificialmente en la relación Hombre-Mujer-Familia.

Agresividad y rechazo entre los miembros de la familia generados por estos valores marxistas y que se proyectan a nivel político-social

Incapacidad de cumplir las demandas a estos roles dentro del ambiente familiar.

Estilo de vida, promiscuidad y sexo libre impuesto por el estilo de liderazgo ideológico

Prostitución generada por una economía de mendicidad y turismo sexual muy priorizada de por las directrices del estado socialista.

FUENTES: *El Veraz,* Puerto Rico, Datos estadísticos sobre divorcio
Estadísticas de la Oficina Nacional de Estadísticas de Cuba.
Notas interpretativas del autor.

Consumo de Alcohol: Desconocido parámetro, medio principal de entretenimiento y CATARSIS COLECTIVA.
La producción nacional de bebidas alcohólicas se consume casi en su totalidad por la población cubana, pero la producción clandestina en destilerías caseras se calcula en varias veces superior a la producción de los medios industriales estatales.

Según encuesta realizada en años recientes por el autor con una muestra aleatoria de visitantes a EU y residentes recientes en el Sur de la Florida, era opinión generalizada que la población joven y masculina consumían al menos un litro de alcohol de manifactura casera cada semana, los adultos de 45 anos o mas consumían aún mucho más y que la población de personas adictas al consumo de bebidas alcohólicos de ambos sexos crecía en de manera alarmante.

El negocio de la producción, distribución y venta de ron utilizando como materia prima el azúcar había sido originalmente perseguida pero el lucro de los órganos policiales quienes tienen bajo su protección los suministradores del azúcar y los productores ha abierto una gran brecha de corrupción dentro de todo el Ministerio del Interior no solo en la Policía.

El consumo de bebidas como parte del proceso de socialización y entretenimiento se ha convertido en un habito o una moda facilitadora en el incremento en las concausas de delitos comunes como robo, agresiones personales, violaciones y otros delitos sexuales, sin dejar de tener en cuenta que en el 75% de los casos de accidentes de tránsito con la pérdida del control vehicular está condicionado a la intoxicación del conductor al perder los reflejos ojo-mano y la coordinación motora.

Consumo de Psicofármacos.
Cuba consume 6 veces más psicofármacos que Francia
El stress y las diferentes manifestaciones de la ansiedad que provocan los factores objetivos y subjetivos que inciden sobre el individuo provocan alteraciones a nivel psicológico que quedan fuera de su alcance su control y debe de buscar asistencia médica psiquiátrica o a la ingestión de los psicofármacos recomendados por otro que ha pasado por semejante situación, favorecido por el acceso relativamente fácil a estas drogas en ocasiones combinadas con los vapores de productos químicos industriales o la combinación de otras muchas medicinas no psiquiátricas como las utilizadas contra la alergia, el asma y otras enfermedades son combinadas para producir trastornos ideo-perceptuales como los estados alucinógenos, verborrea, pérdida momentánea de la consciencia, etc.

Los adictos a estas drogas son conocidos por "pastilleros", esta micro cultura tiene su origen en las prisiones donde los medicamentos se combinan para producir alteraciones de conciencia, pero como es tanto el reciclaje de la población que entra y sale de las prisiones estos métodos han sido transmitido por la población que aun no ha estado e prisión.

Según palabras del Dr. Guillermo Barrientos, quien era Jefe del Grupo Nacional de Psiquiatría de Salud Publica en una reunión de especialistas donde estuve presente, presento cifras del rápido consumo de la producción farmacéutica por la población cubana donde enfatizo que en Cuba consume cuatro veces mas psicofármacos que Francia, un país con una población varias veces superior a la de Cuba, lo cual proyecta la idea del desajuste psicológico colectivo que han provocado el nuevo ordenamiento social marxista.

Consumos de Drogas Ilegales.

Después de la llamada dolarización de la economía cubana que tenia su verdadero origen en poder colectar moneda dura con el consumo de drogas de los turistas dentro de la Isla, evitando a las autoridades ser puente hacia terceros países de drogas.

El propio Ministerio del Interior y el Ministerio de las FAR producen e introducen en el mercado clandestino drogas clásicas como la marihuana, la cocaína y otros estupefacientes de acción fuerte para que sea consumido por lao turistas que visitan la Isla.

Una cantidad de cocaína contenida en una chapa de refresco se puede adquirir en Cuba por mil dólares, según el testimonio de muchas personas involucradas en este negocio y el consumo de drogas, declararon al autor que los grupos que trafican con estas drogas en la Ciudad de la Habana gozaban de la inmunidad y apoyo del Ministerio del Interior para sus gestiones.

Actualmente es difícil encontrarse a un adulto joven en Cuba que no haya probado o utilice las drogas ilegales.

Encontramos la punta de un "iceberg", en Juventud Rebelde declara la Doctora Teresa Viera, directora del Centro de Estudios sobre la Juventud, es penoso encontrar profesionales que tienen interés y están muy conscientes de los problemas que han creado con los conceptos marxistas, pero no pueden hacer nada, solo enterrar el sistema y su liderazgo putrefacto y pestilente.

Como podemos ver a continuación el diagnostico de los factores que hacen via al consumo de droga esta acertado, pero el generador de todo el fenómeno a nivel social está completamente fuera en el análisis profiláctico. Palabras y más palabras pero de ninguna manera alcanzan el epicentro de la malignidad destructiva de cuerpo y mente de los jóvenes y las familias… la doctora Viera considera que la "Inmadurez, dependencia familiar o de iguales, no asunción de responsabilidades, inseguridad, baja confianza en sus capacidades, "alto grado de paranoidismo"(Por que serán paranoides?, la CIA y el FBI los vigila), falta de motivación e iniciativa, aislamiento de la familia, escasa o nula comunicación, inestabilidad e irritabilidad emocional, baja resistencia a la frustración, desregulación comportamental y la afectividad negativa son los factores de vulnerabilidad personal que pueden predisponer al adolescente al consumo de sustancias adictivas, refiere la Doctora Teresa Viera, directora del Centro de Estudios sobre la Juventud, participante en el taller.

¿Cómo proteger a los jóvenes y evitar que se introduzcan en el mundo de las adicciones? La Doctora Viera asevera que la pertenencia a una familia y un hogar estables, las buenas relaciones entre padres e hijos, así como la adecuada supervisión y disciplina por parte de los padres y adultos de influencia constituyen principios clave para garantizar su vida lejos de estas «tentaciones».

Como pueden lograr cuando el sistema de educación separa al niño y joven de la familia, cuando no hay viviendas para una familia, cuando los padres salen en misiones asignadas y dejan la familia detrás, cuando las plazas para estudiar son para los "militantes", cuando sus padres no tienen acceso a un trabajo renumerado, «Fomentar en la educación de los adolescentes la motivación para obtener logros personales, propiciar la relación con entidades prosociales, como pueden ser los grupos de aficionados a las artes, deportes, creación de habilidades utilitarias, entre otros, y facilitarles el acceso a materiales de promoción de salud y divulgación antidrogas efectiva, también puede contribuir a evitar el acercamiento de los muchachos a estas prácticas insanas».

Como medidas de enfrentamiento al consumo de sustancias tóxicas Viera Hernández refiere que es esencial la caracterización psicosociológica del adolescente, su medio familiar y su grupo de pares —pues cada caso amerita un tratamiento particular—, así como de su colectivo docente.

«Urge mantener una retroalimentación permanente de la repercusión e impacto de lo que hacemos en los públicos a los que nos dirigimos, y aunar en el empeño a las estructuras y especialistas municipales de las direcciones de Educación y Salud Pública, para que el tratamiento sea eficaz.

«Debemos potenciar la participación, de acuerdo con la preparación y potencialidades que posean, del colectivo de padres de la escuela y líderes comunitarios en las acciones desarrolladas, como las visitas a los hogares, el acompañamiento a casos específicos de familias, estudiantes o profesores, construcción de materiales instructivos, entre otros».

El objetivo es, insiste Viera Hernández, formar un individuo capaz de discernir, escoger correctamente su acción presente y definir de manera segura, con información veraz, su futuro ciudadano. «Esa es la mejor prevención ante una conducta que puede comprometer la vida del adolescente y poner en riesgo la de sus familiares». La doctora Viera muy bien se separa del método y objetivo de crear al Hombre Nuevo…(aplausos y gritos de Venceremos) entendíamos por qué tomó pastillas, por qué se transformó en una adolescente triste y depresiva».

Cómo enseñar a decir «no», si aprenden a decir NO, se cae el sistema completo, Cuba es el país del Ordeno y Mando, Comandante, Ordene! La vice ministro ha tenido una buena idea para derrocar el sistema.

La viceministra de Educación Ireno Rivera Ferreiro, que la <u>pelaron por equivocación como un hombre</u>, insiste en que, <u>a pesar de que el adolescente o joven pasa gran parte del día en la institución educativa, es en el seno familiar donde se pueden generar las condiciones favorables o desfavorables</u>

para este tipo de consumo. (Defendiendo primero. el sistema de educación)

La familia es la esencia del ser humano, afirmó la viceministra de Educación, Irene Rivera Ferreiro (izquierda). Es por este motivo que afirma la Viceministro de Educación la subversión política ataca primero al niño, la escuela y la familia para crear el Hombre Nuevo. Ver el programa subversivo de la Escuela de Frankfort.

«El ejemplo de sus familiares incide en la asunción o no de determinados hábitos, como puede ser el tabaquismo o la ingestión de bebidas alcohólicas, pues la mayoría de los que fuman o padecen las consecuencias de un cuadro de alcoholismo tuvieron en casa sus primeros referentes.

«En cuanto a la ingestión de psicofármacos mezclados o no con alcohol, vale destacar que estos son sustraídos del hogar en la mayoría de los casos, pues en casa no siempre se limita el acceso a los medicamentos de niños y adolescentes.

«Se teme que el muchacho consuma drogas como la marihuana, la cocaína y otras, pero no se tiene percepción de riesgo en relación con determinados medicamentos que también pueden provocar adicción, según el tipo de consumo que se haga de ellos», subraya la vice titular de Educación.

La familia debe tener control sobre los psicofármacos que necesitan sus miembros y cuántas pastillas se guardan en cada blíster. Guardándolas evitamos su consumo, pero si ya el comportamiento adictivo se adueña de la conducta del menor, urge la ayuda especializada, acota.

«Lo esencial en una familia es la comunicación abierta y sincera entre sus miembros, en la que primen el razonamiento y los argumentos. No podemos exigirles a nuestros hijos que actúen sobre la base de nuestras prohibiciones; por lo que es más prudente propiciarles la reflexión en torno a las consecuencias a las que se exponen en el ámbito de lo físico, lo social y para con su salud.

«El adolescente debe conocer la repercusión que tienen sus conductas en su familia, y para ello debe sentir la importancia del lugar que ocupa en ella. No puede crecer asumiendo que los sacrificios de sus padres y otros familiares para con ellos no deben ser recompensados, y esto se logra con una relación sólida entre padres e hijos, resistente a cualquier adversidad».

Las urgencias de estos tiempos llevan a la familia a preocuparse por cuestiones materiales como la ropa o la comida, y lamentablemente desatienden ese punto vital en la crianza de sus hijos, acota Ireno Rivera Ferreiro.

«No se puede educar sin límites, aunque estos hayan variado con el decursar del tiempo, y la familia debe enseñar al adolescente a tomar decisiones. Decir «no» ante una propuesta del grupo de amigos es tomar una decisión importante, sobre todo porque en esa etapa de la vida preocupa mucho la pertenencia a un grupo y separar la diversión del consumo de alcohol u otras drogas es el resultado de una convicción asentada con sensatez y madurez.

«Ceder ante las presiones y el embullo de los coetáneos es una manera de subordinar nuestra identidad a los deseos de otros, y entender que formar parte de un grupo no tiene por qué asociarse a ello, parte de una formación

32

de la personalidad del adolescente basada en principios, que se adquieren en el ámbito familiar». Pero si el ámbito familiar lo han destruido durante 60 años, no hay viviendas, alto nivel de divorcio, el primero del mundo en suicidios, falta de agua, higiene, proliferación de enfermedades crónicas creadas por el sistema, hacinamiento, falta de educación ciudadana, hábitos de comunicación del tipo carcelario, imposición del abuso, después de todo esto que pueden esperar…multiplicar las crisis, los delincuentes, las prostitutas, los jugadores, los drogadictos, los ladrones, las pandillas, etc.

En la escuela se potencia el trabajo de orientación con los estudiantes y sus familiares, apunta Rivera Ferreiro, quien insiste en que es fundamental el ejemplo de los docentes, pues el alumnado hace de ellos un referente de actitudes y conductas.

La Unión de Jóvenes Comunistas asume la responsabilidad con los adolescentes y jóvenes de orientarles, informarles y favorecer el esclarecimiento de dudas en torno a la temática de las adicciones, mediante un trabajo sistemático que desarrolla junto a la Federación Estudiantil Universitaria y los ministerios de Educación y Salud Pública, afirma Leira Sánchez Valdivia, miembro del Buró Nacional de la organización juvenil.
Leira Sánchez, miembro del Buró Nacional de la UJC.
Dijo, "Promovemos un ejercicio de intercambio metódico y progresivo con el

fin de elevar la percepción de riesgo en torno al consumo de drogas". Experta en Cantinfladas… dijo y no dijo nada…Que quiso decir….???

El pasado mes de marzo capacitamos a los presidentes provinciales de la Federación de Estudiantes de la Enseñanza Media, y a partir de ese momento organizamos este proceso de charlas, de debates en el resto del país. «La idea es generar una percepción de rechazo, y para lograrlo damos información sin victimizar a los que ya han pasado por esa triste experiencia. Compartimos las vivencias y fomentamos la toma de conciencia.

«La acogida por parte de los jóvenes de estas iniciativas ha sido positiva, porque se sienten motivados a hablar de sus temores, sus dudas, sus criterios al respecto, y se favorece en ellos la reflexión fundamentada, la toma de decisión antes de actuar», acota.

La dirigente juvenil insiste en el papel efectivo que deben cumplir la familia y la escuela, cada una desde su campo de acción. Destaca que «el hecho de que algunos jóvenes hayan sucumbido a la dependencia de sustancias psicoactivas demuestra que tenemos que perfeccionar y consolidar nuestras acciones preventivas».

Cantidad de Periódicos Publicados
   3 periódicos nacionales monotemáticos
En la Cuba pre Castro existían decenas de periódicos con los más diversos puntos de vista en sus editoriales y revista con las más diversas temáticas, así como las emisoras de Radio, siendo Cuba pionera en la radio difusión mundial con cientos de emisoras de radio locales y nacionales con las opiniones y temas muy diversos, lo cual dio un impulso increíble a la industria de la propaganda y a la producción y consumo de una industria nacional.

Después de 1959, con la toma del poder político, el Sistema de Medios de Difusión Masiva tiene un organismo central dirigido por el Departamento de Orientación Revolucionaria del Comité Central del PCC quien de manera silenciosa controla todos los medios de difusión, con un reglamento o código secreto de censura que lo controlan a un nivel aún mucho más secreto y clandestino desde el Ministerio de las Fuerzas Armadas Revolucionarias e históricamente bajo el mando del General Augusto Martínez Sánchez, este tenebroso personaje es sobreviviente de un disparo en el cráneo por un escolta de Fidel Castro mientras discutía cuando fue Ministro del Trabajo sobre la Ley de la Horas Extras y sus pagos.

Este Departamento de Censura del MINFAR subordinado a la Dirección de Órganos de Control revisa todo lo que será expuesto a la población (publicado), sus detalles de censura llegan hasta el color de las camisas de las personas que salen en las fotos de Prensa, el paisaje, o los productos que pueden o no ser visualizados por la población, tales como autos de manufactura capitalista, los nombres falsos para todos las personas entrevistados en los centros de trabajo y cargos políticos, etc.

Los tres periódicos de circulación nacionales, Granma, Juventud Rebelde y Trabajadores básicamente dicen lo mismo y los periódicos provinciales que son también voceros de los Comités del Partido Comunista de Cuba a nivel provincial solo pueden repetir lo que se publicó en el periódico nacional, el Granma.

Una prensa monotemática fabrica mentes uniformemente destructivas y desorientadas. Ausentes del pensamiento crítico y la auto realización del individuo para su desarrollo y bienestar.

Cantidad de TV/persona   Desconocido parámetro

La cantidad de receptores de TV y Radio y el alcance de la emisoras han sido expandido porque es un interés vital del sistema alcanzar a todos los individuos para darle la información que conviene a los intereses del régimen y desmentir cualquier información que le sea nociva, la cual siempre es eficiente porque no hay posibilidad de réplica y los líderes de opinión cercanos al ciudadano se debilitan ante las versiones oficiales del régimen, la opción de la no credibilidad de las informaciones es sancionada penalmente y de manera pasiva es desaprobada y desacreditada.

El sonido musical introductorio del noticiero nacional de TV cubana tiene un mensaje subliminal que crea un canal de percepción auditiva capaz de grabarse en la memoria de los espectadores y a la vez un reflejo condicionado de atención a la información la cual no es sometida a proceso de critica de parte del receptor.

En el libro de George Orwell titulado "1984" predijo que los regímenes totalitarios manipularían al ciudadano a su antojo por la "telepantalla" y asi mismo hizo la URSS en su momento y luego fue introducido en Cuba. Los soviéticos han demostrado ser muy hábiles en el manejo de la psicología a nivel subliminal de manera eficiente, pero, también muy secreta para aplicarlo en sus colonias.

Gracias a los envíos de los familiares de Miami, muchas familias tienen TV, no por el mercado local. Aunque el nuevo gobierno, anuncio la terminación de los importadores libres de Perú, México, Panamá y Rusia, no quieren competencia dice la población.

Prostitución: Desconocido parámetro

La prostitución siempre existió en cantidades mínimas comparadas con las que aparecieron después de 1989, después de 1959 fue objeto de persecución y represión desde 1959 con reclusión sin derecho a libertad condicional hasta ser reeducadas y más tarde con 4 años de privación de libertad de acuerdo a la Ley de Peligrosidad Social y muchas mujeres en cantidades de miles, ocasiones redadas como la Operación Petunia en 1978 en la que 13,000 mujeres jóvenes fueron sancionadas colectivamente acusadas de ejercicio ilegal de la prostitución, muchas de ellas la mayoría por estar en la Playa en días de trabajo siendo estudiantes universitarias o trabajadoras de vacaciones. Fui testigo de estos juicios en el Tribunal Provincial Cuidad de La Habana.

El aumento de la prostitución después del periodo especial ha tomado dimensiones astronómicas dado la escases de oportunidades de trabajo y resolver de manera decorosa las necesidades individuales y por otro lado el arribo de turistas con sed de aventuras donde nadie los identifique.

Viajeros procedentes de la Isla consideran la prostitución como la fuente de trabajo común en la Cuba de Castro. El Ministro de Justicia, Juan Escalona tomando el ejemplo de su madre, dijo "la prostitución en Cuba es la expresión de una vocación propia de la mujer cubana...."

Un cubano cualquiera puede describe este fenómeno de origen político con trascendencia psicológica y penal con estos detalles:

La Seguridad del Estado cubana, juega el papel de proxenetas en el Salón Rojo del Hotel Capri, Habana Libre, el Tritón, la discoteca El Johnny y El Delirio Habanero, donde abundan las "jineteras", especialmente las "palestinas" que ellos autorizan si comparten los preciados dólares. En una noche ganarían lo que cinco profesores universitarios reciben como salario durante un mes...

La Habana Nocturna es todo el Malecón desde Línea hasta San Lázaro, los trabajadores del sexo (producto de la Revolución) vienen a proponer sus servicios desde los "pingueros" para los gay, y los transexuales con el apoyo del Partido y la matrona Mariela Castro son la clase lujosa y última moda en la aberración. Para las damas también hay "jineteros", pero lo mas aborrecible son las madres que llevan a rentar sus niños o niñas para juegos sexuales.

Fidel Castro en un pleno del PCC dijo: "De que se pueden quejar, Cuba tiene las prostitutas más cultas del mundo" con mucha razón lo dijo, así cuantas médicos, biólogas, psicólogas, pedagogas, matemáticas, se vieron sin trabajo, sin vivienda y lo importante sin futuro...que hacer? pues al oficio femenino integérrimo, cuantas mujeres ante la frustración se dejaron llevar por la droga, el alcohol y tomaron al final el camino del suicidio, eso no lo dijo Fidel, el lo creo, fue su obra maestra de odio como homosexual latente que siempre fue, con odio y desprecio hacia las mujeres.

Por su parte la policía hace sus arreglos operativos sabiendo que los perseguidos no tienen forma de defenderse y entonces se establecen reglas con un fin penal ...tales como "Si una mujer cubana es encontrada con un "cliente" en situación embarazosa y no puede demostrar ningún vínculo estable, le hacen "advertencia" que queda registrada en su expediente personal, y con tres "advertencias" es condenada inmediatamente de uno a cuatro años de prisión por la Ley 59 de Peligrosidad Social, sin derecho apelación.

Genera el régimen la necesidad y la corrupción como un lucrativo negocio para los policías, quienes cobran por no procesar la "advertencia" que trae la categoría de o "peligrosidad". La bloguera d la Generación Y, no es defensora de esta capa social creada para estabilizar un régimen totalitario al servicio de Moscú.

El carné de identidad tiene un algoritmo que incluye hasta el nivel de aceptación por el régimen de casa ciudadano, pero explícitamente la dirección de habitación del portador y el nombre de los padres; si alguna autoridad lo requiere y no se es domiciliado en La Habana, será deportado de inmediato a su provincia, para un policía detectar un "palestino" también significa dinero o un favor sexual. Cualquier acto irregular o sospechoso será reportado ipso facto a la Central de la Policía Nacional Revolucionaria.

La mayoría de los policías en La Habana provienen de regiones remotas del Oriente de Cuba, semi analfabetos y por ende retrasados mentales, uno de ellos típicamente guantanamero se reporto asi " Estoy en Cinco Ta y el zoológico de los pescao" No sabía leer Quinta, sino Cinco Ta y mucho menos Aquarium" buen policía para la zona diplomática de la capital....

Ellos son aborrecidos por la población habanera, ya que son vistos como delincuentes uniformados para extorsionar mas y mejor a los demás que no portan uniforme.

La prostitución homosexual o bisexual con menores y adultos, cualquier raza, sexo o edad participan en esta actividad que es de hecho la principal atracción que puede ofrecer Cuba como plaza turística, a despecho de la dignidad de la nación cubana.

Con un dato conocido sobre la actividad de la prostitución en el Boyeros en 1989 tendremos una idea del incremento, según un parte del de la PNR había unas 6548 prostitutas reportadas, pero en 1958 en el mismo lugar incluyendo "meseras"o damas de compañía en las mesas de un bar, no prostitutas: no no sobrepasaban la cantidad de 50 en todo el municipio de Santiago de las Vegas, como se llamaba entonces.

Bochornoso y denigrante es la prostitución infantil, ha pasado a ser algo común dentro de la vida cotidiana del cubano y muchos turistas visitan a Cuba para dar rienda sueltas a sus aberraciones, con frecuencia estas conductas terminan en homicidios de menores.

¿Quién defiende el derecho de esos niños? Cuántos de ellos terminan en suicidio o cárcel..?

Índice Habitacional: 3.5 m2/habitante, el más bajo del mundo

Desde 1959 con la populista Ley de la Reforma Urbana, como el sueno de Fidel y su Rebaja de Alquileres que parecía un regalo para todos, junto con el INAV (Instituto Nacional de Ahorro y Vivienda) con la machuna Pastorita Nunez, detrás estaba el "congelar la construcción de viviendas", con un incremento de la población del doble en 50 años no se ha construido ni un

5% de la cantidad de viviendas necesarias, según datos publicados por el propio gobierno en el año 2009.

La palabra congelar resolvió muchos problemas a los nuevos colonos soviéticos.

Por generaciones y generaciones la familia cubana ha tenido que compartir la misma vivienda con los nuevos miembros de la familia, a pesar de estar penalizada y sancionada la construcción de las llamadas barbacoas o pisos intermedios para aprovechar el espacio y las ampliaciones eran perseguidas. Las viviendas apuntaladas con peligro de desplome sobre sus ocupantes, jamás fue prioridad de la dirigencia del país.

La convivencia de tantas personas ha generado muchos conflictos interpersonales y casos sancionados ejecutivamente por agresiones y homicidios, de hecho, la fractura de los lazos afectivos entre los miembros de la familia es un elemento común en la familia cubana.

De esta superpoblación y hacinamiento dentro de estas viviendas se derivan otros graves problemas en la niñez y en el estudiante que a consecuencia de este ambiente de tensión proyecta en el medio escolar estos problemas, generando este fenómeno una increíble cantidad de "niños problema" que precisan de tratamiento especializado para resolver desordenes de conducta y aprendizaje, aunque estos tratamientos no pueden resolver los problemas materiales del ambiente del "niño problema", quienes van por un embudo directamente por las huellas conductuales que van quedando en su Expediente Único del Escolar a convertirse en un candidato muy prominente a ser tomado dentro de la Ley de Peligrosidad Social y por ende a cumplir para comenzar su vida cuatros años de prisión amen de cometer delitos contra la propiedad o el hombre.

Matrimonios disueltos antes de cumplir el primer año, divorcios en cantidades increíbles son los resultados de la ausencia de planes de construcción de viviendas o la libertad o facilidad para hacerla de parte del individuo necesitado, de hecho el índice habitacional de Cuba es uno de los mas bajos del mundo con una superficie promedio por habitante de 3.5 metros cuadrados por habitante pero solo el número no dice las limitaciones en derecho para resolver el problema que el sistema tiene capturado al individuo.

Para la CEPAL y las Naciones Unidas la urbanización tiene otro punto de vista, "La población —estructurada en hogares y familias— es el consumidor o demandante de vivienda y su expectativa es acceder a una vivienda adecuada, que sea accesible a los ingresos y ahorros de la familia, o que, en su defecto, haya crédito o subsidio del Estado; que sea diseñada o elegida con participación de la familia y que su localización concuerde con los intereses del hogar. Desde el punto de vista gubernamental, la expectativa es que no exista déficit habitacional y ello supone un nivel de actividad que satisfaga los requerimientos de los nuevos hogares y familias, que absorba el déficit de arrastre, que la vivienda contribuya al crecimiento económico, a la salud pública, la generación de ahorro familiar y de empleo, al crecimiento y desarrollo del sistema financiero, a la reducción de la pobreza y a la sustentabilidad ambiental. Además, la distribución espacial de la vivienda debe encuadrarse en los planes de desarrollo territorial."

El fenómeno habitacional en Cuba es muy diferente al resto de los países donde el individuo goza dentro de la pobreza de libertad, el fenómeno cubano es aún más patético por la ausencia de opciones entre ellas a utilizar la tierra como modo elemental o primitivo de subsistencia y crear su vivienda contrario a otros países del África o América del Sur, el fenómeno de la mujer declarada a si mismo como jefe de núcleo sufre aún los embates porque por lo general su fuerza de trabajo es menos pagada y su tendencia es prioritaria a la prostitución o al negocio siempre ilegal. En resumen, todo es parte del verdadero plan del sistema, destruir.

<u>Obsesión con la Evasión. Mas del 70% desea emigrar.</u>

Antes de 1959 la emigración no era significativa después de 1959, más bien Cuba era un país abierto a los inmigrantes desde la época española a Cuba inmigraron chinos, japoneses, filipinos, árabes, libaneses, polacos, italianos, rusos, alemanes, ingleses, americanos, mexicanos, venezolanos, haitianos, jamaicanos, puertorriqueños, etc.

El sistema comunista utilizo de manera enmascarada y cruel la política migratoria con todo tipo de manipulaciones desde la cárcel, trabajo forzado, decomiso de bienes raíces y de uso privado, así como todo género de acoso y persecución, a pesar de todas la manipulaciones utilizadas es muy generalizada la opinión de que más del 70 % de la población cubana desea firmemente abandonar el país para siempre. Lo cual es muestra del descontento e insatisfacción con el sistema impuesto. Este número quizás esta en testimonio en el Golfo de México en específico en el Estrecho de la Florida, donde tantos cubanos infelices de su vida cruel en Cuba dejan sus vidas en el mar.

Capítulo 3
La población penal, arma del Régimen

Entre las muchas medidas que el gobierno de Castro toma en nombre de la "Revolución Cubana" y el "Socialismo" para mantener el poder político en la Isla es, sin duda alguna, el incremento de la población penal. Nadie fuera de las más altas esferas del gobierno cubano tiene la cifra exacta de esta, pero opino que nosotros estamos muy cerca.

Durante los primeros 15 años del control castrista en Cuba, los llamados Tribunales Revolucionarios y Tribunales Populares, formados en cualquier esquina de una barriada con un Juez Lego, nombrado por el Partido Regional a todas las instancias cumplían los órdenes del Ministerio del Interior públicamente, encarcelamientos masivos de personas, fusilamientos, ingreso forzado de menores en Granjas y Establecimientos Penitenciarios inclusive sin documentación de identificación, ni delito definido que se le acuse.

Esta etapa del proceso subversivo de la URSS en Cuba fue la "consolidación" que culmino con el Primer Congreso del Partido Comunista de Cuba, justamente como lo habían planificado a los 15 anos de la toma del poder, el ingreso en el CAME, firmado un Pacto de Defensa Mutua con La URSS, era miembro observador del Pacto de Varsovia, Fabio Grobart es condecorado militarmente en la Lubianka, recibe la Marina Soviética en "Visita Oficial" en La Habana, Cuba encabeza los Países No Alieados y como tal cumple, no comprometiendo a la URSS participa en Guerra internas y externas en Angola, Etiopia, Congo Brazzaville, Mozambique, Namibia y recibe nuevos armamentos y logística planificada como miembro del Pacto de Varsovia.

43

¿Para qué sirven los presos?

La ejecución de esta operación subversiva fue programada con años de antelación por Yuri Andropov, Ministro del Comité Estatal para la Seguridad del Estado de la URSS.

El diseño de esta operación estuvo fundamentada por estudios académicos de las Ciencias Sociales tomado referencias de los análisis históricos de diferentes factores sociales como la Economía, la Demografía y la Psicología, un Análisis detallado de toda la información abierta o publica que pudieron obtener durante años sobre los Estados Unidos y Cuba, buscando la vulnerabilidad de la sociedad norteamericana y cubana, así como buscar la forma de destruir los basamentos éticos de la sociedad con la modificación de actitudes (limpieza de cerebro) .

La convulsión social y el vector resultante al introducirse las "medidas activas" que pueden emplearse con mucha facilidad en un sistema totalitario, sin tener en cuenta los derechos individuales, les resulto fácil crear un verdadero ejército "invasor" para desestabilizar el orden dentro de Estados Unidos y crear los cambios que pudieran socavar el patriotismo, la familia, la escuela y contribuir a la modelación del "Hombre Nuevo" que ellos necesitan crear en otros países para fomentar la fase de la desmoralización y hacer más débil a los Estados Unidos .

Las acciones tomadas por el Gobierno son las llamadas "medidas activas" y se enlazan consecutivamente para crear condiciones parciales y escalonadas para al final provocar un evento que produce una apariencia de "fenómeno espontaneo y sorpresivo" ante los ojos del observador.

También se utiliza un manto que son las condiciones subjetivas creadas por rumores y opiniones creadas por la prensa y los dirigentes en sus discursos, que se convierten en Ley y guía para la acción inmediata.

Para el individuo medio resulta casi imposible concatenar o relacionar un evento con otro para demostrar o demostrarse a sí mismo, que el resultado había sido planificado y calculado hasta en los mínimos detalles.

Esta lección, nos ensena con suficiente elocuencia, como nuestros enemigos preparan el terreno, nos llevan a donde ellos mejor les convenga y en el momento que ya no podemos escoger ninguna opción. Entonces todo lo tienen bajo control.

No es ocioso, recordar un discurso de Nikita Khrushchev en Naciones Unidas cuando ya se sentía amo de la Isla de Cuba y sabía que desde allí podría primero debilitar y después atacar a los Estados Unidos. Aun es increíble, que los Estados Unidos no tenga en cuenta este plan que se ha venido cumpliendo de parte de ellos y los resultados nos golpean día por día a cada uno de los ciudadanos de este

La Operación "Bravo" fue un refuerzo a la operación subversiva que desde los años 40 comenzó con la escuela de Frankfort que hemos puesto a su alcance en el libro, anterior titulado "La Subversión contra Estados Unidos y Cuba".

 Si recordáramos y nos defendiéramos día a día del mensaje de Nikita Khrushchev al responderle a la Delegada de Filipina en Naciones Unidas que le pidió respeto por los derechos de los hombres y mujeres de los países invadidos por la Unión Soviética en Asia y Europa, quitándose irrespetuosamente su zapato y golpeo el atrio fuertemente y dijo:

"Los hijos de tus hijos vivirán bajo el comunismo. Ustedes los estadounidenses son culpables. No, no aceptarás la ventaja de Comunismo: pero seguiremos alimentándote con pequeñas dosis de socialismo hasta que finalmente te despiertes y descubras que ya tienes el comunismo. No tendremos que molestarte: debilitaremos tanto tu economía, hasta que falles como fruta demasiado madura en nuestras manos" No olvidemos esta amenaza de Nikita en Naciones Unidos y luchemos contra ella....

Estas palabras han sido proféticas, cada día los gobiernos locales nos imponen las "góticas de socialismo" en nuestras vidas, con el multiculturalismo, la inmigración, los homosexuales, así nos dormimos, porque no les damos importancia, las dejamos pasar y nos dormimos en los laureles: todo cuanto ellos hacen con la droga, la corrupción, el terrorismo, la baja productividad, los gastos de defensa, los tiburones, la contaminación ambiental, los disturbios meteorológicos, las epidemias de una manera u otra degradan nuestra economía, nos hacen más débiles y vulnerables, este es el plan.

La operación "Bravo" se ejecutó entre los años 1975 al 1980.

El objetivo principal era introducir 128,000 cubanos en la Florida con el objetivo de desestabilizar hasta las más profundas raíces a los Estados Unidos. El Plan tenía diferentes etapas, cada uno de ellos con cierta cobertura o manto. Podría cualquier observador cómo fue posible con solo cancelar la posta policiaca de la Embajada del Perú, en Miramar el día 4 de abril, en minutos tener miles de personas dispuestas a penetrar en una Embajada de un país que no simpatizaba con una postura anticomunista y que tampoco tenía razones, ni condiciones para ser hospitalario con los "gusanos cubanos".

Podría alguna persona imaginarse que esto era el comienzo de una crisis para forzar a los Estados Unidos a aceptar el ingreso en territorio americano de 130 mil personas.

Existía un precedente, la CIA había informado al Departamento de Estado que Castro tenía en planes descargar un gran números de ciudadanos cubanos como refugiados en EU, esto se reafirmó en Enero 30 de 1980 ante un Comité Selecto del Senado sobre Inteligencia, que probablemente la intensión era crear problemas raciales y motines para crear un ambiente de imitación con la invasión masiva de mexicanos, haitianos, dominicanos y otras nacionalidades del área del Caribe y Centro América.

La CIA también vaticino que el Plan incluía "crear un clima de violencia, disturbios, bombas, incendios, asalto a bancos, violaciones, con el objetivo de crear una ola de rechazo hacia los cubanos en la Florida y crear problemas al gobierno.

En el Plan estaban incluidos los puertorriqueños terroristas de New York, Chicago y Washington, Miami y los Ángeles. Este es el Plan de Castro, como lo pronostico la CIA en el Senado en Enero de 1980.

Liberty City se convirtió en una víctima del Plan de Castro, una pequeña ciudad predominantemente poblada por afroamericanos, desempleados incitaron a un asesinato de un negro por un policía blanco y esto desencadeno sacar a los refugiados cubanos por quitar los empleos a los negros. Los turistas se alejaron de Miami, lo que hizo declinar la economía y aumentar el rechazo a los recién llegados.

Mientras el gobierno Federal envió 700 millones de dólares al gobierno local para crear condiciones para los recién llegados y cada día la conducta de algunos recién llegados se identificaban como delincuentes violentos, drogadictos, desviados y transgresores sexuales, que Castro había introducido entre los verdaderos refugiados.

Aún peores cientos de operativos de Inteligencia. Según un ex oficial de la Inteligencia de Castro, Gerardo Pérez, Castro tenía como Plan alternativo enviar otro contingente de 200,000 cubanos, sino le pagaban los danos por los 20 años de embargo para después abrir las conversaciones sobre la Normalización de las relaciones entre Cuba y Estados Unidos.

A una distancia de casi 40 años del suceso, como todo estaba planificado, las declaraciones del oficial de la DGI parece que estaba también dentro de la Operación Bravo, creando una imagen de solamente un chantaje económico y nunca hablo sobre Moscú y la introducción del HIV. Pero los mismos hechos demuestran que esto, no tenía la naturaleza que dijo Gerardo Pérez.

Veamos:

Entre 1975 se dieron en Cuba, eventos políticos de carácter mundial reuniendo fuerzas políticas, diplomáticas y militares contra Estados Unidos en función de los intereses de la URSS.

La Conferencia de los Partidos Comunistas y Obreros, la Cumbre del Movimiento de Países no Alineados, la Asamblea de la Organización de Solidaridad de los Países de Asia, África y América Latina, el Festival de la Juventud y los Estudiantes, más cado dos meses se recibía oficialmente un Jefe de Estados o Gobierno de los países del Tercer Mundo.

Estas movilizaciones populares creaban un movimiento político muy favorable a justificar una "buena impresión para los visitantes" para lo cual se aplicó la Ley 59 de Peligrosidad Social haciendo masivas "redadas" y operaciones contra los vendedores ambulantes como la operación el Pitirre en el Alambre, operación Petunia y la Operación Basura, más de 60 mil hombres fueron capturados y sometidos a juicios colectivos de 50 en 50 para recibir condenas automáticas de 4 años de privación de libertad. Las mujeres fueron acusadas de Prostitución en un número de unas 13,000 (acusación absolutamente falsa).

Tantos hombres como mujeres eran detenidos al bajar de un ómnibus, dentro de un cine o en la playa de manera arbitraria, cualquiera persona podrían ser escogido.

Los propios Jueces hicieron todo lo posible por detener aquella ola de injusticia y crueldad, muchas personas, tanto hombres como mujeres cometieron suicidio. Los jueces y abogados formaron una pequeña cabeza de playa con sus opiniones adversas a las medidas del gobierno y de inmediato, comenzó una operación llamada la "Toga Cagada" contra los funcionarios de la justicia que no estuvieron de acuerdo con la ola represiva, entre ellos el Dr. Nicasio Hernández de Armas, Presidente de la Sala Penal del Tribunal Supremo (muerto en prisión)quien había encabezado el rechazo de aquella injustica masiva, fueron presos entre los encausados estaba el insigne abogado y patriota Dr. Aramos Taguada (muerto en prisión) y otros muchos casi 200 abogados, fiscales y jueces fueron a cumplir también los 4 años, aparece también suicidado el ex Presidente de la Republica, luego Ministro de Justica, Osvaldo Dorticos Torrado, según la nota de Prensa, el motivo del suicidio fue un "dolor en la espalda".

Su muerte, sucedió en la madrugada de un viernes después de la reunión del Buró Político, donde había expuesto la conducta de Ramiro Valdés, recién nombrado de nuevo Ministro del Interior y Fidel Castro le dio la razón a Ramiro y ofendió duramente a Dorticos. Su cadáver no fue objeto de necropsia, el Dr. Francisco Ponce Zerquera, Director del Instituto de Medicina Legal fue llamado a las 3 de la madrugada para que extendiera el certificado de muerte, sin practicar la necropsia.

Toda esta ola represiva era para crear una alta presión interna que demandaba escapar a cualquier precio de la injusticia manifiesta de miles de personas encarceladas, sus familiares y amigos fueron los "conejillos que salieron despavoridos ante la oportunidad de salir del infierno creado contra ellos"

Durante estos cinco años, Cuba dio Golpes de Estado en Perú, Argentina, Irak, Yemen, Etiopia, Portugal y comenzó la Guerra que duro 15 años en Angola y Etiopia.

Muy activo trabajo de subversión en Panamá, España, Argentina, Uruguay, Chile, Colombia, Venezuela, Iraq, Yemen y Etiopia.

Todo esto respondía a los mandatos de la URSS para sus intereses hegemónicos. Una base naval en Lobito, Angola para el control del Atlántico Sur, otra base naval en Mediterráneo en territorio de Siria. Derrocar el gobierno de África del Sur e imponer a Robert Mandela para destruir y formar la guerra de africanos contra africanos, todos armados con AK-47M como es hoy África.

El Plan Bravo, y su alterno Alfa en realidad venía a reforzar y profundizar los "Once Puntos de la Escuela de Frankfort", ahora introduciendo con los enfermos psiquiátricos crónicos y los presos, una enfermedad de transmisión sexual letal.

Esta enfermedad trajo gastos bimilenarios en atención médica y tensión social con luto e inseguridad de contraer la enfermedad letal y desastrosa que hoy conocemos como HIV, que como Stalin había predicho en 1937, haremos de Estados Unidos un país de homosexuales, haciendo la homosexualidad cotidiana y tratándolos como víctimas. Es todo y así ha sido.

La desmoralización de la sociedad americana en escala superlativa. Además de introducir en la población carcelaria además de la epidemia de transmisión sexual, que al principio la bautizaron "solo para homosexuales" el sistema carcelario y su población de 70% de raza negra, toma un nuevo rumbo con una nueva cultura, que comenzaría dentro de las prisiones y luego saldría a la calle gradualmente de donde viene la llamada "contra cultura", impulsando a auto excluirse de los avances culturales y sociales a los afro americanos, induciéndolos a la rebeldía, extravagancia en las modas y formas de vivir, rechazo al trabajo y estudio, droga, juego, alcohol, prostitución, robo y amor por la vida fácil y alejarse de la defensa del país.

Todo lo que el enemigo necesita para tomar el país fácilmente, como dijo Nikita y Stalin. Me pregunto, por qué nuestros políticos no enfrentan con valentía estos graves problemas que cada día se agigantan.

Este paso fue ejecutado en el Mariel en casas de campana que armaban a partir de las once de la noche y las desarmaban a las 5 de la mañana, un equipo de Servicios Médicos integrado solo por soviéticos.

La Crisis del Mariel, culmina con el envío de 128,000 cubanos como refugiados hacia Estados Unidos, España y Perú.

Este evento coincide con dos elementos anteriores que se unen en Mayo de 1980 para manipular las masas y crear la llamada Crisis de Mayo. Veamos los tres pasos:

Numero 1; El Ministerio de Defensa de la URSS en 1978 le entrega el Virus de la enfermedad que hoy conocemos como HIV a la KGB, porque no cumplía los requisitos militares para ponerse a bordo de los misiles intercontinentales, las epidemias seleccionadas debían ser letales en menos de 15 días.

Por esta razón la KGB contaba para esa fecha, 1978 con el virus para sus operaciones subversivas y decidieron introducirlo en Estados Unidos como lo testimonia el jefe de BIOPREPARAD, de la Dirección de Guerra Biológica del Ministerio de Defensa de la URSS, el Coronel médico Ken Alibek en su libro (Alibek, K. and S. Handelman. *Biohazard: The Chilling True Story of the Largest Covert Biological Weapons Program in the World - Told from Inside by the Man Who Ran it.* 1999. Delta (2000) ISBN 0-385-33496-6 [1] page 223)

Les invito a ver el documental del Dr. Eduardo Palmer "Alerta Roja" "Red Alert" en YouTube donde pueden ver al Dr. Ken Alibek y al autor de este libro, explicando los programas de la KGB en Cuba con relación a las Armas Químicas y Biológicas.

La celebración en Cuba del Festival de la Juventud y los Estudiantes en Julio y Agosto de 1978, facilito el reclutamiento de miles de jóvenes visitantes para colaborar con los órganos de Inteligencia de los países del Pacto de Varsovia y en especial a Cuba para la campana de Guerra Psicológica para desactivar los misiles del tipo Pershing de la NATO y ellos mantener la superioridad con los 9 Ejércitos de Tropas Blindadas para arrasar en ataque sorpresivo a los países de la Europa Occidental.

El Festival en Cuba cumplía otro objetivo fundamental para la Operación que luego realizarían, aumentar la represión contra una capa de población que se había mantenida de neutral a rebelde contra el régimen. Había que crear un estrato poblacional de "inaceptables para el sistema" llamados lumpen, antisociales, vagos habituales, escoria" estos calificativos adjudicados a una persona eran suficientes para estar en prisión por 4 años de acuerdo con la Ley de Peligrosidad Social, el número de afectados seria mayor cuando familiares y amigos sintieran la injusticia por identificados con las víctimas.

Solamente en la Ciudad de La Habana se hicieron más de 50,000 prisioneros masculinos y 13000 mujeres por el Delito de Estado Predelictivo, por la Ley 59

Public domain

que justificaba el "limpiar la imagen de Cuba ante los visitantes del Festival". Eran juzgados colectivamente en grupos de 50, la misma acusación, la misma conclusión Fiscal, las mismas sentencias de los Jueces, todo unánime, sin excepción.

3ro: Esta masa reprimida, sus familiares y personas que consideraron injusto este procedimiento judicial masivo, preparo las condiciones para la estampida social hacia la Embajada del Perú y luego hacia los Estados Unidos en Mayo de 1980 como única vía de escape de los reprimidos.

Por otra parte, Castro había recibido en La Habana con mucha publicidad a los famosos "representantes de la comunidad cubana en Estados Unidos" la cual tenía preparada, para utilizarla en el caso que el Presidente James Carter rechazara a los cubanos que pedían refugio, Castro tenía preparado el detonador en parte del exilio para que abogaran por la reunificación familiar, etc. El show estaba fríamente calculado como dice mi amigo, Frank Alonso.

Esta estampida fue diseñada en detalles, porque era parte de una Operación Subversiva orquestada por Yuri Andropov.

La Academia de Ciencias de la URSS hizo un estudio durante años para reforzar el Plan Subversivo de la Escuela de Frankfort que había avanzado mucho más de lo esperado, pero aun prometía mucho más reforzarlo.

Como bien explica el desertor de la KGB especialista en Subversión Yuri Bezmenov, ex Coronel de la KGB en sus conferencias sobre el tema. Gracias Yuri por tus informaciones y tu abnegación. Yuri Bezmenov fue asesinado en Montreal. Las conferencias están subtituladas en español.

https://trinityatierra.wordpress.com/2009/10/14/ex-agente-desertor-de-la-kgb-yuri-bezmenov

Los detalles de esta Operación pueden ser leídos en el libro "La Subversión contra Estados Unidos y Cuba" del autor.

- Actos de Repudio, el Fascismo en Acción

Se puede hablar de una guerra civil en Cuba en mayo de 1980. Fidel Castro dijo en su discurso del Primero de Mayo de 1980 "Es bueno que los enemigos se tropiecen con el puno de la Revolución" esto fue suficiente para que los CDR, con el Partido Comunista empujando detrás, comenzaron los actos de repudio con golpizas, ofensas, piedras, huevos, pintura, donde muchas personas quedaron ciegas o mutiladas, otras murieron.

- Un caso entre miles

El caso del hijo del Ingeniero de Vuelo de Cubana de Aviación José Barreiro, con 37 años de impecable servicios y Pepito cuando fue a pedir la baja del trabajo en Cubana de Aviación, lo desnudaron y amarraron en un fork lift en posición decúbito supino y lo pasearon por el aeropuerto y los residenciales cercanos al mismo, donde le arrojaron desechos de comida, basura, y con palos le lesionaron el ano, Pepito Barreiro quedo ciego por la pintura de cal y pudo llegar a España, la manada de esbirros fue dirigida por Hipólito Villamil Forte, militante del PCC y vecino del Reparto Calixto Sánchez.

Al Instituto de Medicina Legal llegaron 87 cadáveres por los actos de repudio y asedio, estos incidentes fueron ordenados por Fidel Castro. De los miles de casos ocurridos solamente en la Ciudad de La Habano, uno fue publicado con una versión completamente diferente a la real. Hubo cuatro muertos, dos por proyectiles disparados por el Capitán de Tropas Especiales Ricardo López, alias "Chomoncito", hermano del General Manuel López "Chomon", la esposa y el hermano del hombre muerto por proyectil, el resto la muerte fue causada por lesiones, en la piel de la espalda y muslos se encontraban huellas de suelas de zapatos d las patadas y golpes propinados por estudiantes de Medicina que llevaron al lugar en ómnibus de color blanco.

La mujer era rubia y su piel se tornó azul de las lesiones recibidas en vida. Dos días después me presente en el lugar del hecho en la calle Velarde en el Cerro y encontré en el borde de la calle un ojo azul y lo lleve a Medicina Legal donde yo trabajaba. El estremecedor hecho ocurrió a menos de un cuarto de milla de Medicina Legal. Siempre he pensado sobre el recuerdo de aquellos episodios en los futuros Médicos que cometieron este cobarde asesinato. ¿Culparon a los Castros?

La Operación Bravo entre otros costos al pueblo de Cuba fueron más de 50,000 hombres y 13,000 mujeres jóvenes encarceladas por 4 años acusadas de prostitución (falsa) aplicando siempre la Ley 59 de Peligrosidad Social.
Muertes por la Operación Bravo

Esta agresión soviética/cubana había resultado en millones de muertes de personas en todo el planeta, miles de millones de dólares en servicios médicos, familiares perdidos, familias rotas y la desmoralización nacional.

Los primeros reportes de pacientes inmunodeprimidos que presentaban enfermedades catalogadas como oportunistas hasta el año de 1981, cuarenta años después tenemos como obsequio del pensar comunista unos treinta cinco millones de muertos después de un largo y costoso padecimiento. necrológicas.

Aunque hoy en día conocemos más acerca de este virus, las formas de transmisión, signos y síntomas, pruebas diagnósticas y tratamiento; muchas personas a nivel mundial, aproximadamente el 40%, desconoce que está infectada. Escondido en nuestros cuerpos esta el virus, se considera que el 60% de los nuevos casos fueron resultado de personas que desconocían ser portadores, el asesino de la KGB sigue asesinando....

Según datos de la Organización Mundial de la Salud (OMS), más de 37 millones de personas viven con el VIH en todo el mundo; de ellas, poco más de la mitad, 19,5 millones, tienen acceso a la terapia de anti retrovírica, un aumento con relación a los 17,1 millones de 2015 y a los 7,7 millones de 2010. Esto acceso a los medicamentos ha hecho descender la mortalidad un 26% en los últimos cinco años.

Desde el comienzo de la epidemia, 76,1 millones de personas han contraído la infección y 35 millones han muerto a causa de enfermedades relacionadas con ella (1,8 lo hicieron en 2016). En este último aspecto, la tuberculosis continúa siendo la principal causa de muerte entre las personas que viven con el VIH, y es responsable de aproximadamente una de cada tres muertes relacionadas con el virus.

Los Estados Unidos anunciaron el lanzamiento de un nuevo Fondo de Inversión para Poblaciones Clave de 100 millones de dólares para incrementar el acceso a los servicios contra el VIH para profesionales del sexo, hombres homosexuales y otros hombres que tienen relaciones sexuales con hombres, personas que se inyectan la droga, personas transgénero y reclusos.

En 1994, Castro organizo con el "Maleconazo" una escena para justificar una estampida para Guantánamo y la Florida, una de las acciones crueles cometidas por el régimen fue a través de la Sección Z y el TOS (Trabajo Operativo Secreto) de las prisiones….presos escogidos por su peligrosidad fueron llevados a las playas para que despojaran de balsas y dollares tomando como rehenes a las familias abandonaban el país con embarcaciones artesanales con cámaras de tractores, los presos los atacaban con machetes y muchos homicidios cometieron estos presos para cumplir sus misiones que fueron pagadas con un mes en el hospital de la prisión de Quivican, allí estos asesinos cobraron su trabajo con dieta especial que consistía en lechuga con tierra servida en sacos y huevos hervidos…

Referencias:
Archivo personal del Autor
https://trinityatierra.wordpress.com/2009/10/14/ex-agente-desertor-de-la-kgb-yuri-bezmenov
Testimonios del autor en el Tribunal Provincial de La Habana como Perito de Psicología Forense del Instituto de Medicina Legal. (1975 – 1981)

ttp://www.abc.es/sociedad/20140811/abci-virus-marburgo-arma-biologica-201408101715.html
Conversaciones con el Dr. Nicasio Hernández de Armas Presidente de la Sala Penal del Tribunal Supremo

Conversaciones con el Dr. Aramis Taguada Abogado segundo dirigente del 26 de Julio Nacional en 1953. Abogado del Bufete de Abogados de la Calle Reina. La Habana. Preso político murió en la prisión de Guanajay en 1992. Cumplió dos largas sentencias de delitos contra la Seguridad del Estado.
Conversaciones con el Ministro de Justicia José Torres Santrail
Opiniones de muchos Fiscales y Jueces de aquella época.
The War of Blacks against Blacks by Peter Hawthorne
Testimonio del autor en el Hospital de la prision de Quivican, coincidiendo con los presos asesinos cuando adquiri en la celda una pneumonia y tuberculosis.

Capítulo 4

Tortura psicológica y física importada de la URSS

"El concepto de tortura comprende cualquier acto infligido por medio del cual alguien puede padecer de dolor físico o sufrimiento, ya sea físico o mental, o algún acción u omisión que al ser dirigido o expuesta contra una persona con el objeto de obtener información o hacerla confesar sobre delitos cometidos por el o por personas allegadas.

También es Tortura cuando se castiga con dolor físico, conductas aberrantes y negación de auxilio, agua o comida como un <u>castigo como consecuencia de</u> algún acto cometido o sospechoso de ser el comisor, ya sea por el mismo o por tercera persona en relación afectiva o emocional con la misma, la persona sienta dolor, malestar o sufrimiento.

La tortura también comprende a la intimidación sobre el o a tercera persona por cualquier razón o en la discriminación de cualquier tipo, cuando esta persona sufre de dolor o sufrimiento infligido por o por instigación de o con el consentimiento y autorización de un oficial del servicio público o otra persona actuando en su capacidad".

A los efectos del presente Convenio, se entenderá por "tortura" todo acto por el cual se inflija intencionalmente a una persona el dolor o el sufrimiento intenso, ya sea físico o mental, con fines tales como obtener de él o de una tercera persona información o una confesión, castigando por un acto que él o una tercera persona ha cometido o se sospecha que ha cometido, o intimidar o coaccionar a él o a una tercera persona, o por cualquier razón basada en la discriminación de cualquier tipo, cuando dicho dolor o sufrimiento es infligido por o a instancias de o con la c en su calidad de personas públicas u otra persona que actúe en calidad de funcionarios. No incluye el dolor o el sufrimiento que surja únicamente de sanciones legales, inherentes o incidentales.

El análisis de este concepto a la luz del escenario cubano por 50 años se cumple en su totalidad, no solo el sistema represivo comunista especifico de Cuba, no necesita en la mayoría de los casos obtener información del sospechoso o acusado porque el sistema legal y sus órganos es altamente eficiente y está dotado de las compleja tecnología para el seguimiento y control de todas las señales que se detectan y de manera preventiva disparan un mecanismo de seguimiento de la conducta y actitudes de quien se le detectan signos de rechazo o indiferencia al sistema, entonces se le comienza un registro total de toda su trayectoria día por día, minuto a minuto, a los potenciales enemigos y en general a todos los miembros de la sociedad, los miembros de la sociedad y sus invitados (turistas, estudiantes extranjeros, diplomáticos, etc.), tampoco la implementación jurídica de una confesión se hace necesaria para desarrollar la instrucción de una causa, porque el sistema de procedimiento penal le facilita a la Fiscalía y a los Tribunales pasar por alto la confesión, además del estrecho marco jurídico en puede operar la llamada Defensa DENTRO DE LA Ley Penal Procesal, inclusive el Tribunal puede hacer uso de la Formula 4-44 que puede sancionar al acusado por convicción y no necesita pruebas para formular una sentencia ejecutiva .

Así esta forma de tortura ha devenido en sistemática de todas las instituciones castrenses, e implementan la tortura en su forma cruel e inhumana utilizando la tortura como castigo y se utiliza durante todo el tiempo que el recluso esta en cualquier forma de limitación de libertad o arresto, así se convierte en el hecho abominable y horrendo, esta se pudiera calificar como las llamadas conducta de vicio de los torturadores porque enfatizan mucho en el uso de la tortura como castigo físico y psicológico pero esta no está limitada al recluso también alcanza a sus familiares y para convertirla luego en un estigma discriminante contra el prisionero y su familia hasta hacerlo emigrar, por los despojos de propiedades y limitación de accesos al sistema de distribución de alimentos salud y educación.

Esta tortura como castigo por haber cometido delito o sospecha de acción, se mantiene como hostigamiento permanente con las formas de negación de servicios básicos como alimentación, agua, servicios médicos imprescindibles, ambiente, etc. Así como la limitación de derechos a trabajar y comunicarse con otros presos y su familia.

La tortura y la represión queda demostrada con una gigantesca población penal que no tiene límites en cuanto magnitud e intensidad de las sanción Si se le concediera algún día a la Justicia la merecida oportunidad de un juicio sumario en el que, Fidel Castro Ruz y sus acólitos tengan que rendir cuentas por sus decisiones y sus acciones en el desencadenamiento de guerras de agresión, violaciones de las libertades civiles, torturas y regímenes de terror alrededor del Planeta entonces podría saberse con toda claridad hasta donde han llegado con la conspiración contra el pueblo de Cuba.

Cuba fue objetivo altamente codiciado de una potencia extranjera que invirtió grandes recursos para apoderarse de ella y luego la utilizo públicamente para sus intereses militares contra EU de espalda al peligro potencial de una población ajena a sus corruptos intereses, así los enclaves militares soviéticos y ahora rusos son una forma de hacer complejo cualquier intento de derrocar la dictadura.

Los Comunistas Cubanos han sido los principales estrategas de las desestabilización política y económica no solo de Cuba, sino de gran parte del entorno terrestre involucrando los miserables negocios de drogas, desechos nucleares, secuestro y tráfico de seres humanos, "prostitución institucionalizada" con el nombre de Industrias Turísticas, la proliferación de armas de fuego y explosivas dentro de poblaciones fuera de normas jurídicas como las poblaciones nativas en medio del África para sembrar terror y muerte, la mayoría de esos individuos contribuyeron a elaborar los planes de ese proyecto para un nuevo siglo de corte marxista, con las nacionalizaciones de nuestra economía sobre la base del terror y la miseria, sembrando la confusión para sembrar las falsas justificaciones por las llamadas «guerras de liberación».

Las Naciones Unidas no cumple nada de lo que promulga, y mucho menos cuando se trata de regímenes comunistas, desde hace muchos años quedó establecido el principio de que todos los pueblos del mundo y sus gobiernos estaban obligados a reconocer el interés común de la competencia universal, cuando se trata de lidiar con la más alta forma de criminalidad.

Su antecedente es un elocuente ejemplo que por extensión se identifica con el exterminio y discriminación de la población cubana como perpetraron los bolcheviques contra las nacionalidades no afines con los rusos rojos desde 1917 hasta la fecha.

Raphael Lemkin definió y estableció claramente la noción de «genocidio» para contribuir al avance del proyecto de tratar de abordar crímenes tan graves que comprometían la supervivencia misma de una parte de la familia humana.

Ralph Lemkin trató de que no hubiese, en todo el mundo, inmunidad, ni refugio para los implicados en la eliminación de grupos nacionales, étnicos, raciales o religiosos; mecanismos a los que también agrega el genocidio cultural. Lemkin contribuyó a ayudar a las delegaciones de la Organización de las Naciones Unidas a instaurar, en 1948, la Convención sobre la Prevención y la Represión del Crimen de Genocidio, sin embargo, este concepto nunca ha sido utilizado para juzgar los crímenes comunistas.

Al término de la Segunda Guerra Mundial, el gobierno estadounidense fue considerado, por corto tiempo, como el principal defensor del principio de que todo el que incurre en las formas más graves de criminalidad internacional debe ser individualmente considerado como responsable, como persona.

Los procesos legales contra quienes ejercieron el Poder y llevaron a la Guerra a sus países se pusieron en práctica en los procesos de Núremberg y de Tokio, durante los cuales algunos dirigentes del derrotado Eje fueron juzgados ante tribunales militares internacionales.

Al describir sus objetivos el fiscal Ralph Thompson, Fiscal General de EU en Núremberg, solicito clarificar el concepto al presidente estadounidense Harry Truman, Jackson, explicó que había llegado el momento de establecer con claridad «que la guerra de agresión es ilegal y criminal».

En su opinión, ese tipo de actividad, incluyendo las campañas «de exterminio, sometimiento y deportación de civiles», eran «crímenes internacionales» por los cuales «los individuos son responsables».

Al presentar su argumentación ante los jueces, Jackson subrayó la importancia de Ir más allá de todas las antiguas líneas de defensa que habían proporcionado «inmunidad a prácticamente todas las personas implicadas en los más grandes crímenes contra la humanidad y la paz».

Buscando los ejecutores de estas acciones contra la Humanidad los E U antes y después de la existencia de Naciones Unidas y su flamante Convención de La Haya los EU han derramado sangre alrededor del mundo, lo mejor de su juventud ha cumplido con honor esta decisión y merecen todo nuestro respeto y lealtad, por Cortesía y nobleza de los ideales de la Patria de Washington han sido liberados y gozan de total independencia y soberanía por la ayuda directa e indirecta de las Fuerzas Armadas de EU que sus enemigos llaman fuerzas de rapiña imperialista, los siguientes países, desde la ingrata Francia, a la derrotada Alemania, Noruega, Finlandia, Polonia, Latvia, Estonia, Lituania, Argelia, Marruecos, Rumania, Kosovo, Panamá, Granada, Serbia, Croacia, Bulgaria, Holanda, Luxemburgo, Checoeslovaquia, Afganistán, Dinamarca, Kuwait, Egipto, Montenegro, Nueva Guinea, Indonesia, Tailandia, Gracia, Rusia, Tunicina, Ucrania, Albania, Hungría, Bélgica, Austria, Libia, Corea, Japón e Italia.

Sin embargo, Cuba que fue liberada del Imperio colonial español después de una cruenta Guerra donde más de 6,000 americanos donaron sus preciosas vidas, ahora por 60 años sometida a la cadena de mando dirigida desde Moscú, Estados Unidos no permite ni a los extorsionados por Castro actuar contra el régimen cubano.

Al buscar palabras lo bastantes descriptivas como para ilustrar las espantosas violaciones de los Derechos Humanos que había visto en el Estado supuestamente libre del Congo del rey Leopoldo, alguien concibió la expresión «crímenes contra la humanidad»

Así un campo tan amplio de irresponsabilidad e indiferencia no puede seguir siendo «tolerada» porque esta epidemia izquierdista bajo el auspicio de los medios de difusión masiva de la información quienes solamente exponen los argumentos y factores beneficiosos para confundir y facilitar el desarrollo de sucesos que niegan la realidad histórica de los hechos.

La Línea Política Internacional Marxista de los Castro, inaugurada en Diciembre 26,27,28 de 1965 en La Habana conocida por la Tri Continental puso en manos de la Organización de Solidaridad de los Pueblos para la Liberación conocidas por la fatales siglas de OSSPAL, la ilimitadas armas en manos de los hombres que toman o usurpen el poder de manera ilegitima, es así que cualquier dictadura de izquierda al estilo y concepto marxista como conocidas en el argot comunista como "Dictadura del Proletariado" reciben el apoyo de Cuba con el beneplácito de las Naciones Unidas.

Justificado teórica e ideológicamente como consolidación de los intereses de una Alianza Obrero Campesina que se hace representar por un partido político de estricta minoría representativa que conocemos por el nombre de Partido Comunista, este toma fuerza y forma por tres grandes caballos, a saber, Violación de los Derechos Humanos y Civiles, Economía de Estado y tendencia a la creación y proliferación de Armas de Exterminio Masivo.

De hecho, internacionalmente para juzgar la acción de los Castros, no alcanza el vocabulario que emergió ante hechos horrendos, recordemos que los conceptos emergidos si se pueden aplicar al escenario actual de los Castro en Cuba, por ejemplo, el concepto jurídico de los jueces de Núremberg para dirimir las penas impuestas los condenados nazis subraya que «el hecho de desencadenar una guerra de agresión no sólo es un crimen internacional; es el crimen internacional supremo que se diferencia de los demás crímenes de guerra únicamente porque encierra en sí mismo todo el mal acumulado del conjunto».

Los considerandos de Núremberg se perfeccionaron y en 1950 la Organización de las Naciones Unidas los adoptó como principios que incluyen, precisamente, la represión masiva y la tortura.
Los principios de Núremberg dividen la criminalidad internacional en tres categorías:
  Crímenes contra la paz,
  Crímenes de guerra
  Crímenes contra la humanidad.
Uno de esos principios estipula que «el hecho que el autor de un crimen internacional haya actuado en calidad de jefe de Estado o de funcionario no lo libera de su responsabilidad ante el derecho internacional».

Aunque la <u>Corte Penal Internacional</u> es un nuevo elemento agregado a la infraestructura jurídica del derecho penal internacional, esta instancia se basa en esperanzas, ideales y tradiciones profundamente enraizados en muchas sociedades que buscan justicia. A pesar de todos sus problemas y lagunas, la Corte Penal Internacional es la mejor expresión de un intento tendiente a implementar muchas de las más conmovedores declaraciones de la humanidad que proclaman la igualdad en lo tocante a la importancia de cada vida humana, tal y como se define en la Declaración Universal de Derechos Humanos.

La CPI surgió como consecuencia de un estudio de las Naciones Unidas para convertirse en una verdadera entidad del Estatuto de Roma, en 1998. El tribunal tomó forma institucional en 2002.

 Actualmente cuenta 108 Estados miembros y otros 40 Estados más están vías de ratificar el Estatuto de Roma.

¿Es el CPI la mayor esperanza para el futuro, o el hasta ahora lamentable fracaso de los Estados en defender e imponer el respeto de la supremacía del derecho internacional nos está llevando a una fase en la que la humanidad va a tener que buscar otro camino? ¿Hemos llegado acaso a un punto de la evolución de la comunidad mundial en que es posible, quizás hasta necesario, empezar a instaurar las estructuras de una verdadera jurisdicción cuyos funcionarios hagan uso de su competencia para arbitrar y lograr la aplicación del derecho penal internacional mediante la expresión de cierta forma de ciudadanía compartida de la humanidad?

Sera que solo unos pocos podemos percibir y condenar al «Imperio del Mal» como lo denomino el gran Ronald Reagan mediante la elaboración de la fórmula «Eje del Mal», fórmula utilizada por el Presidente de E U George Bush hizo célebre al incluirla en su agenda política en favor de una contención de estas dictaduras maléficas en su esperanzador discurso del Estado de la Unión, en enero de 2002.

La prensa sistemáticamente esconde las Violaciones de los Derechos Humanos en los Países del Imperio del Mal, la indiferencia ha creado una óptima vía para mantener bajo este Infierno a millones de personas alrededor del Mundo, en especial a Cuba.

En febrero de 2009, el Relator Especial de Naciones Unidas para la Tortura, Manfred Nowak. Declare «Tenemos todos los elementos probatorios que demuestran que los métodos de tortura utilizados en los interrogatorios por el gobierno de Estados Unidos fueron especialmente ordenados por el ex secretario americano de Defensa Donald Rumsfeld Es evidentemente que esas órdenes fueron impartidas con conocimiento par las más altas autoridades de los Estados Unidos.»

Pero sin embargo, en oposición tenemos que el Terrorismo de Estado, que el totalitarismo de Castro pregona y practica desde 1959, por la implementación de la represión masiva, la limitación de derechos Políticos, Civiles, Económicos y hasta específicamente religiosos expuestos en una Constitución y ejecutados de manera diáfana, sistemática e individual por la Constitución Socialista promulgada en Octubre de 1975, que de manera sistemática practica la tortura, la discriminación racial, política y religiosa de la manera mas escandalosa, no es objeto de atención por parte de la comunidad internacional, ni de los propios organismos de Naciones Unidas encargados de vigilar y sancionar estas aberrantes prácticas.

El gobierno de Castro sobre Cuba de manera unipersonal ha ejercido presión sobre cualquier persona, en cualquier lugar del mundo, que sus órganos represivos consideren como enemigo político al servicio de "los imperialistas Yankees".

La marginación política, económica y social de manera constitucional para todo ciudadano cubano no miembro del Partido Comunista de Cuba o la organización política de la Unión de Jóvenes Comunistas los cuales solo constituyen una efímera minoría inferior al 3% de la población total de la nación cubana es un hecho público y notorio enmascarado en el falso y manipulador concepto de que los militante tienen el Derecho porque son miembros de la llamada "Vanguardia Política donde descansan los más altos valores de patriotismo y lealtad a la Patria".

La implementación del terror fue introducido por una potencia ajena a los intereses geopolíticos del Continente Americano, la URSS quien desde etapas muy tempranas selecciono a Cuba para su expansión hegemónica en nuestro continente, lo cual se demuestra como la participación de los agentes rojos que jugaron un papel protagónico en la instauración de este estilo de represión y tortura, algunos llegaron con un largo historial de participación en guerras y clandestinaje bajo el patrón soviético, donde claramente fueron instruidos y jerarquizados militarmente, el común denominador de la lucha política clandestina en la más profunda oscuridad de la negación de la identidad personal para esconder maléficamente las intenciones y forjar la operación subversiva mas perfecta que se haya conocido.

La oración de un prototipo de héroe, de líder, hacer sonar con una emancipación de los estratos poblacionales humildes con los recursos de otros a quienes justificaron su despojo y eran la dinámica natural del desarrollo económico sembrando con esta filosofía la miseria material y espiritual profunda que se pueda dar fe de existencia.

El marxismo-leninismo como filosofía y formula practica de gobierno engendra y desencadena los impulsos elementales y negativos de los seres humanos, la escala de valores alcanzados con el desarrollo histórico social de la humanidad de una ética de respeto, justicia y aceptación de la existencia del otro, es destruido por el llamado Poder revolucionario, las convenciones sociales como normativas éticas y legales se niegan para dar paso un sistema de valores deshumanizados y carentes de todo respeto por el semejante.

La esencia de la Filosofía Marxista en sus conceptos y categorías de la sociedad dividida en clases directamente siembra el odio y la envidia a nivel social desencadena un tipo de lucha sui generis, que tiene alcances muy profundos para destruir los valores morales de un individuo en particular, la familia o de un sociedad si la vemos como todo integralmente.

Esta fuerza desencadenada erosión y llega romper los nexos históricos entre los miembros de la familia, después justifica y enaltece cualquier acto de agresión contra individuos que representen otras ideas, ya sean por representación de conceptos políticos o religiosos, o por el status en si de un individuo o institución, así se fundamenta la indiferencia, que es en parte generada por el ocultamiento o negación de la información de todo hecho vandálico cometido por el Estado para destruir o erradicar cualquier manifestación que se oponga a su necesidad de supervivencia.

La acción legal de la fuerza de la dictadura soviética copiada de la Constitución Alemana del Tercer Reich es calcada y copiada, desde las constituciones hasta las instituciones de estado y gobierno a todos los países satélites pero a veces es superada con la creación de instrumentos organizativos e institucionales que insertan peculiaridades para desarrollar una represión silenciosa y escondida detrás de objetivos y acciones aceptables, es por ejemplo el hecho de la creación de los Comités de Defensa de la Revolución desde Septiembre 28 de 1960, institución que la URSS no utilizo, pero que los comunistas españoles hicieron en las llamadas comunas, en especial la de San Miguel, en Madrid durante los 1939-40.

La "idea" que vendió a Fidel Castro, el General Manuel Lister, General enviado clandestinamente a Cuba (1958) por la KGB dentro de un paquete conocido por los Asesores Hispanos-Soviéticos, que muchos de ellos estaba en La Habana el 31 de Diciembre de 1958 y tomaron La Cabana desde la madrugada del Primero de Enero de 1959.

Vemos como esta institución en si mismo enmascara una Sección de la Contra Inteligencia (conocida por Sección A o Sección Especial del Ministerio del Interior en cada provincia) que se constituye como una gigantesca red nacional de vigilancia y control de toda la ciudadanía, donde no escapa nadie pues utilizo desde su comienzo para el control de cada individuo o núcleo familiar los censos de población implementados para la Libreta de Abastecimiento, donde cada individuo o núcleo familiar fue controlado por vivienda, localización, cantidad de miembros, status social, edad, etc. relacionados esto con un centro de venta o Mercado donde el estado le situaba sus comestibles, ropa, zapatos, etc.

Este control de consumidores está justificado para repartir equitativamente los bienes necesarios para la vida, pero a su vez, ideológicamente se le culpa al Imperialismo por su Bloqueo y los obstáculos que crean sus agentes internos contra los intereses del Pueblo, pero en última instancia llegamos a descubrir, que el desarrollo de la miseria y la destrucción de los bienes materiales heredados de etapas económicas anteriores que fueron muy prosperas como la agricultura y la ganadería, (recordemos a manera de ejemplo el per cápita de consumo de carne de res por cada cubano al ano era de 225 libras , sin contar otras tantas de pescado, huevo, carne en conserva, etc. m de muy alta calidad y productividad, ha sido parte del Plan Comunista y su sistema para mantener a la población bajo total control.

REPRESION COMUNISTA

El éxito del Comunismo en mantener el control político a través de crear una miseria total justificada ampliamente por el trabajo ideológico y la censura de la información, encaminada a demostrar que todos los fracasos se deben al poder del enemigo, el interno las reminiscencias de la sociedad burguesa como enemigo de clase, y en lo exterior el enemigo Imperialista, así se establece en la práctica, un estilo de liderazgo social y político, ante las crisis artificialmente creadas con un liderazgo capaz de tomar medidas rápidas y unipersonales, como las necesarias que deben ejecutarse dentro de una fortaleza sitiada.

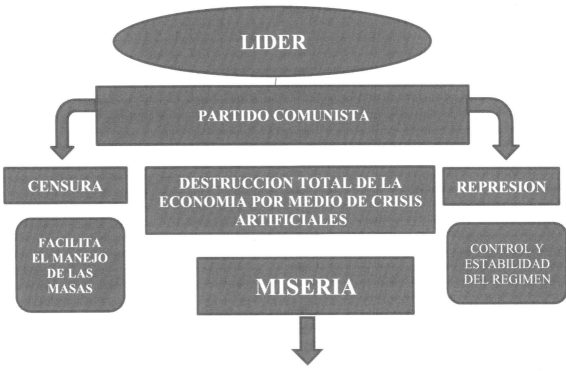

DEPENDENCIA ABSOLUTA DEL INDIVIDUO AL REGIMEN

Este MODO de gobernar como si fuera una Fortaleza Sitiada le facilita al régimen comunista esconder toda información que pudiera poner en duda la eficiencia o ineptitud de cualquier tipo sobre el sistema de gobierno y por otro lado mantener una estructura múltiple y paralela de gobierno y control bajo la dirección de uno sola persona, pero a la vez con la apariencia de un estado donde existen todas las instituciones de descentralización del Poder, para confundir y manipular al ciudadano, estas instituciones a saber:

Órgano político, el PCC y la UJC.

Administrativo, el Poder Popular y el engendro Asamblea del Poder Popular Ejecutivo, el Consejo de Estado y de Ministros

Legislativo, la Asamblea Nacional, Provincial y Municipal incluyendo una apariencia de elecciones a todos los niveles de provincia y nación.

Los comunistas enmascarados con diferentes ropajes de civilistas, juristas internacionales, progresistas, verdes, ambientalistas, etc., buscan desesperadamente argumentos para condenar a EU por abusos y torturas en Gabrn y Guantánamo US Navy Base, pero retuercen el cuello para no ver que pasa inclusive detrás de una endeble cerca metálica alrededor de esa base.

Sin exageración alguna en el otro lado de esa cerca están los estrategas de cuanto está sucediendo alrededor del mundo, la confusión reinante en el mundo de hoy, la Guerra invisible contra los valores de nuestra civilización que ha demostrado haber puesto al Hombre en el centro del sistema alcanzando para su beneficio los mas latos niveles de educación, salud y bienestar.

Allí se han ejecutado desde la Guerra Clandestina y Guerrillas (Ejército Rebelde) contra la República de Cuba hasta el día de hoy en que horrendos crímenes y acciones legales contra millones de personas que han existido a lo largo de estos 50 años.

Adicionalmente, el Sistema Totalitarista en Cuba ha utilizado niños soldados en todas sus Guerras, oficialmente dicho y reconocido en fotos y periódicos desde los Artilleros Anti Aéreos de las llamadas 4 Bocas en Playa Girón que tenías desde los 12 hasta los 16 años de edad sus miembros, especialmente a sus tiradores, milicianos de los Batallones de la Milicia Nacional Revolucionaria en los Batallones 111, 113, 114, 115, 116, 117 casi el 5% éramos jóvenes menores de 14 años en 1961

Estas informaciones están ampliamente reconocidos por el propio tirano, basta leer los discursos de la apoca denominándolos a su conveniencia de "niños-héroes".

Pero esto ha sido más amplio aun, la Ley del Servicio Militar Obligatorio de Abril 1964, baja la edad militar a los 16 años de edad a todos lo varones aptos para el Servicio Militar, inclusive la responsabilidad penal la bajaron a los 14 años para la mayoría de los delitos. Fácilmente de reconocer todas estas violaciones, pero no pueden ser vistas por autoridades en ningún país y mucho menos por Naciones Unidas.

Fácilmente Amnistía International, es capaz de sentirse conmovida hasta los tuétanos cuando su más alto líder declara. «Yo no podía creer que los americanos pudieran hacer eso, esto es el Gulag de nuestro tiempo», declaró Vandeveld, quien pudiera perfectamente ser llamado a prestar testimonio ante un tribunal de derecho nacional o internacional. Al visitar las esplendidas instalaciones construidas en la base naval de Guantánamo donde estan los terroristas musulmanes, que diría si visita las viviendas, prisiones, hospitales y los asilos de ancianos de Cuba.

El organismo Amnistía Internacional ha estado infiltrada hasta los tuétanos por la URSS y Cuba históricamente. Sin embargo, sabemos que los funcionarios del Comité de Amnistía Internacional reciben privilegios y regalos de las autoridades cubanas cada vez que visitan la Isla y las relaciones de esta institución son muy cordiales con la Dirección General de Inteligencia.

Article I

1. For the purposes of this Convention, the term "torture" means any act by which severe pain or suffering, whether physical or mental, is intentionally inflicted on a person for such purposes as obtaining from him or a third person information or a confession, punishing him for an act he or a third person has committed or is suspected of having committed, or intimidating or coercing him

or a third person, or for any reason based on discrimination of any kind, when such pain or suffering is inflicted by or at the instigation of or with the consent or acquiescence of a public official or other person acting in an official capacity. It does not include pain or suffering arising only from, inherent in or incidental to lawful sanctions.

- **Artículo I 1. A los efectos del presente Convenio, se entenderá por "tortura" todo acto por el cual se inflija intencionalmente a una persona un dolor o sufrimiento intenso, ya sea físico o mental, con fines tales como obtener de él o de una tercera persona información o una confesión, castigarlo por un acto que él o una tercera persona ha cometido o se sospecha que ha cometido, o intimidar o coaccionar a él o a una tercera persona, o por cualquier razón basada en la discriminación de cualquier tipo, cuando dicho dolor o sufrimiento es infligido por o a instancias de o a instancias de o con el consentimiento o la aquiescencia de un funcionario público u otra persona que actúe en calidad de funcionario. No incluye el dolor o el sufrimiento que surja únicamente de sanciones legales, inherentes o incidentales.**

Tortura Sistemática

De acuerdo a la Ley un prisionero debía recibir un tratamiento en prisión como está previsto, pero en la práctica el Ministerio del Interior dispone las condiciones muy alejadas de lo que plantea la Ley, leamos la Ley y después veremos que recibe un preso en la práctica.

ARTICULO 31.1.- (Modificado) A los sancionados a privación perpetua o temporal de libertad, recluidos en establecimientos penitenciarios: a) se les remunera por el trabajo social-mente útil que realizan. De dicha remuneración se descuentan las cantidades necesarias para cubrir el costo de su manutención, subvenir a las necesidades de su familia y satisfacer las responsabilidades civiles declaradas en la sentencia, así como otras

obligaciones legalmente establecidas;
b) se les provee de ropa, calzado y artículos de primera necesidad, apropiados;
c) se les facilita el reposo diario normal y un día de descanso semanal;
ch) se les proporciona asistencia médica y hospitalaria, en caso de enfermedad;
d) se les concede el derecho a obtener las prestaciones a largo plazo de seguridad social, en los casos de invalidez total originada por accidentes del trabajo. Si, por la propia causa, el recluso falleciere, su familia recibirá la pensión correspondiente;
e) se les da oportunidad de recibir y ampliar su preparación cultural y técnica;
f) con arreglo a lo establecido en los reglamentos, se les proporciona la posibilidad de intercambiar correspondencia con personas no recluidas en centros penitenciarios y de recibir visitas y artículos de consumo; se les autoriza el uso del pabellón conyugal; se les proporciona oportunidad y medios de disfrutar de recreación y de practicar deportes de acuerdo con las actividades programadas por el establecimiento penitenciario; y se les promueve a mejores condiciones penitenciarias.

2. Las personas menores de 27 años de edad recluidas en establecimientos penitenciarios reciben una enseñanza técnica o se les adiestra en el ejercicio de un oficio acorde con su capacidad y grado de escolaridad.
3. En los casos de sancionados a privación temporal de libertad:
a) puede concedérseles, conforme se establezca en los reglamentos, permisos de salida del establecimiento penitenciario por tiempo limitado;
b) el tribunal sancionador puede conceder-les, por causas justificadas y previa solicitud, licencia extrapenal durante el tiempo que se considere necesario. También puede concederla el Ministro del Interior, por motivos extraordinarios, comunicándolo al Presidente del Tribunal Supremo Popular.
4. El tiempo de las licencias extrapenales y de los permisos de salida del establecimiento penitenciario a los que se refiere el apartado anterior, se abonan al término de duración de la sanción privativa de libertad, siempre que el sancionado, en el disfrute de la licencia o del permiso, haya observado buena conducta.

Asimismo, se abonan a dicho término las rebajas de sanción que se le hayan concedido al sancionado durante el cumplimiento de aquélla.
5. El tiempo que el sancionado permanezca en un establecimiento hospitalario

por habérsele apreciado la condición de dipsómano o toxicómano habitual que requiera tratamiento, se computará al término de la sanción impuesta. En cuanto al sancionado recluido en establecimiento penitenciario que, por presentar síntomas de enajenación mental, haya sido sometido a medida de seguridad, se estará, a los efectos del cómputo del tiempo que permanezca en esta situación, a lo que dispone la Ley de Procedimiento Penal. (Article 1 Law 87, 1999)

El héroe de los torturadores es el Dr. Jose Angel Bustamante.

DISPATCH | SECRET

Chief, Western Hemisphere Division
Chief, European Division
Chief of Station, WH/Miami

Chief of Station,

Cuban Medical Personalities, Pro and Anti-Castro

References: A. ____ 0937
B. WH/MIAMI 7277
C. DIRECTOR 029809

MICROFILMED
JUN 3 1970
DOC. MICRO. SER.

1. The following was prepared by ____

2.

a. /Dr./ Jose Angel *B U S T A M A N T E O'Leary (201-022396), Psychiatrist, studied medicine at Havana University in the same class as subsource's father-in-law, Dr. Enrique C A S U S O Casuso, M.D., employed as an orthopedic surgeon at the Havana Psychiatric Hospital. According to subsource's father-in-law, Subject was very active politically during his university studies; he belonged to the Student Left Wing (Ala Izquierda Estudiantil) at Havana University, which organization followed PSP directives. When Subject had completed his medical studies, he directed his political activities at the National Medical College and controlled the College for several years prior to 1959, during which years he was able to select the presidents of the College.

Distribution:
2 - C/WHD
2 - C/EUR
2 - COS, WH/Miami

....continued

tS COPY

OSHA - 20227 | 20 May 1970

72

Su afiliación secreta con el Partido Socialista Popular le facilito aisitir de inmediato a los cursos en la URSS desde le mismo 1959, ya que ellos si sabían el rumbo del proceso que había comenzado como un movimiento democratizante, existen mas de 180 paginas en los archivos de la CIA donde se detalla la actividad de Dr. Jose A. Bustamante como torturador de los presos políticos desde el mismo año 1959. Su participación en misiones subversiovas incluye tratar psiquiátricamente a Jack Ruby y Lee Harvey Oswald para cometer el asesinato de JFK.

ROMPER EL PSIQUISMO

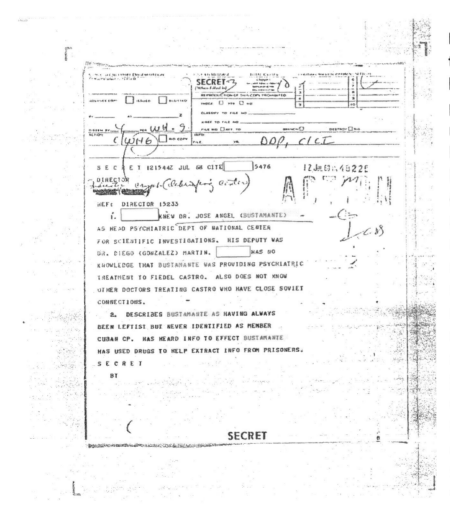

La orientación en tiempo y espacio, los hábitos de vida para el mantenimiento de las conductas biológicas o vitales como la alimentación, el descanso y el sueño como elemento reparador de la energía nerviosa son totalmente rotos y a nivel psicológico el concepto de si-mismo pudieran destacarse entre muchos otras factores de la Personalidad son los elementos básicos para el adecuado funcionamiento del Individuo, es por este motivo que el Sistema de Procesar jurídicamente a las personas acusadas de cometer Delitos contra la Seguridad del Estado o inclusive por los llamados delitos comunes está directamente enfilado a la destrucción y la desestabilización de los procesos psíquicos..

```
        d.  Subject is very intelligent, very com-
petent, and an extraordinarily hard worker.  He
is Professor of Psychology at the Havana University
Medical School, and Director of the Higher Nervous
Activity Research Institute.  During the decade
1950-60, he held a high post within the Cuban
Medical College and was President of the World
Medical Group; during this decade he made many
visits to the USA on matters related to his pro-
fessional activities.

        e.  It has been commented that Subject performed
"brain washing" activities for the Havana DSE.
During the period in 1966 that subsource was held
prisoner at Villa Marista, he did not see Subject;
subsource has never heard anyone state that he
actually saw Subject at Villa Marista.  In subsource's
opinion, if Subject has ever worked for the MININT,
it was probably as professor of psychology in classes
given to MININT personnel; subsource presumes that
the classes would have been similar to those that
Subject gave to Cuban artists.

        f.  In 1956, Subject acquired an extraordinarily
beautiful mistress that he still continues to visit
and support.  This mistress, Manolita Canto, was
divorced by her husband, Salup (fnu), after a private
detective hired by the husband surprised Subject and
Canto in a hotel room in Miami, Florida; subsequently,
U.S. immigration authorities prohibited Subject from
entering the U.S.A.  Canto had had one son by her
husband; when her husband died, the son inherited
the father's wealth, which was considerable.  The
laws against private property promulgated by the
Castro regime undermined Canto's economic position
to the point that she has had to go to work; she now
works at the INIT (National Tourist Industry Institute)
located at 23 and L Streets, Vedado, Havana City.
```

Otras experiencias incorporadas pudieran estar en relación con el envío de oficiales cubanos a interrogar y experimentar métodos de ablandamiento psicológico y castigo con los pilotos de combate norteamericanos capturados durante la Guerra en Viet Nan, los oficiales conocidos que participaron en esa misión fueron Fernando Vecino Alegret y Pedro Fumero, ambos de la DAAFAR, el primero obtuvo la Candidatura a Doctor en Ciencias Psicopedagógicas en la Universidad Sofía, asesorado por Fernando González, a quien había nombrado Decano de la Facultad de Psicología por su participación en este trabajo. Otros oficiales pudieran estar involucrados en esta misión, pero no son de mi conocimiento.

Eventualmente pilotos norteamericanos capturados fueron trasladados para Cuba, como parte del Plan de Torturas y Experimento al servicio de los Países miembros del Pacto de Varsovia. Ellos trabajaron sobre la tesis de León Festinger sobre la Disonancia Cognitiva y el objetivo era crear un nuevo tipo de castigo capaz de crear un rechazo al sistema de valores y actitudes de un individuo (prisionero)

El propio autor de este artículo, dada la experiencia acumulada en entrevistar víctimas y victimarios en el Instituto de Medicina Legal ejercicio como profesor asociado en el Instituto Superior del Ministerio del Interior donde sistematice un método de entrevista y la gráfica del proceso cognitivo a identificar patrones y rasgos de conducta durante una entrevista, basándome en la Teoría de Fieldler.

Subject surrendered his private practice to the Cuban Government, and receives only his salary as Director of the Higher Nervous Activity Research Institute, which salary amounts to 800 Cuban pesos; this salary is insufficient to permit Subject to maintain his own home and his mistress's separate home and to lead the type of life to which he was accustomed.

g. Subject is described as lacking in normal affections, cold and calculating, a typical schizoid interested only in himself, never makes a friendly gesture, has almost no friends. Subject is generally disliked and has many enemies who feel real hate towards him. The young Revolutionary medical doctors refuse to have anything to do with him. Fidel Castro does not know who Subject is and has certainly never been treated by Subject or received psychiatric treatment from any other psychiatrist. Subject must be very unhappy and downcast at his present situation: His income is insufficient forhis normal mode of life; he no longer travels extensively abroad (formerly, he traveled abroad every three months); he holds no representative office; he is not politically or socially prominent and, indeed, no one pays him the slightest attention. Subsource states categorically that he believes that "Dr. Bustamente would be willing to accept any offer. He would take the bait if given half a chance."

h. The trip that Subject made to the USSR in the early 1960's was a "pleasure trip." So far as subsource knows, Subject received no training in the USSR.

i. Subject is not known to have any relations with SovBloc officials in Havana. He does maintain close relations with Dr. LOPEZ Sanchez (fnu), an old-guard Communist of the so-called microfaction who holds the post of Secretary of the Cuban Academy of Sciences.

j. Fidel Castro is a pathological schizo-paranoid reform-type personality, which personality type is characterized by latent homosexuality.

k. Raul Castro is just the opposite of what he appears to be and is more "human" than Fidel Castro; he has founded a home, takes an interest in his family, etc. He suffers from a homosexual complex, as denoted by his hoarse voice.

l. Armando Hart is a hysterical type who believes

SECRET

□ INDEX □ NO INDEX ☒ RETURN TO WH/SAO BRANCH □ FILE RID
□ FILE IN CS FILE NO.

WH-8 FILE. VR. RE/AN, EUR-6, SB-8, CI, CI/OPS, FI-2

SECRET

06 22 - 56z AUG 69

CITE DIRECTOR

27 502

REFERENCE: [   ] 9173 (IN 14866)

1. PLEASE COVER FOLLOWING IN DEBRIEFING [   ] RE
DR. BUSTAMANTE (SUBJECT).

    A. EXTENT HIS KNOWLEDGE OF SUBJECT, PERSONAL,
       FAMILY AND PROFESSIONAL.

    B. HIS KNOWLEDGE OF SUBJECT'S TRAINING IN SOVIET
       UNION IN EARLY 1960'S. FYI, SUBJECT WAS ALLEGEDLY
       TRAINED IN BRAINWASHING TECHNIQUES.

    C. SUBJECT'S FRIENDS AND CONTACTS AMONG SOVIET BLOC
       OFFICIALS IN HAVANA.

    D. RELATIONSHIP BETWEEN SUBJECT AND FIDEL CASTRO; ANY
       TREATMENTS OF CASTRO BY SUBJECT; SUBJECT'S PSYCHIATRIC
       ASSESSMENT OF CASTRO, OTHER OFFICIALS.

(CONTINUED)

- En el año 1960 no existían viajes de Turismo a la URSS, iban los militantes y agentes nativos de la KGB a tomar entrenamientos de diferentes ramas para instaurar la subversión soviética con ellos como la vanguardia.

9061
DATE: 22 July 1969

| | INDEX | NO INDEX | ☒ RETURN TO ___WH/SA___ BRANCH | FILE RID |
| BLE SECRETARIAT DISSEMINATION | FILE IN CB FILE NO. _____ | | | |

WH8   FILE. VR. *EUR6, RI/AH, SB8, CI, CI/IL2, CI/OPS, FI2,*

SECRET

(date and time filed)

23 20   51z JUL 69   CITE DIRECTOR 2 3 7 3 0

1. ACCORDING SENSITIVE SOURCE DR. JOSE ANGEL BUSTAMANTE O'LEARY IS SLATED ARRIVE LONDON 25 JULY VIA AIR FRANCE TO ATTEND 19TH INTERNATIONAL CONGRESS OF PSYCHOLOGY 27 JULY-2 AUGUST, AND FIRST CONGRESS ON SOCIAL PSYCHIATRY 4-9 AUGUST.

2. DR. BUSTAMANTE IS PRO-SOVIET CUBAN COMMIE, PSYCHIATRIST TRAINED IN BRAINWASHING TECHNIQUES IN SOVIET UNION AND REPORTEDLY HAS TREATED FIDEL CASTRO. *ABOVE MAY BE PASSED JAGUAR, SMOTH.*

3. PLEASE CABLE CONFIRMATION HIS ARRIVAL.

4. FILE: 201-22396.

END OF MESSAGE

C/WH/COG/
C/WH/COG/OPS
EUR/C
EUR/BC

BUSTAMANTE POINTED OUT THAT ESCALANTE HAS LONG BEEN CONNECTED WITH A SOVIET ADVISER OF THE MINISTRY OF INTERIOR IN CUBA, EVIDENTLY A KGB AGENT, WHO INTRODUCED HIM TO HIS SUCCESSOR. THE OFFICIAL DECLARATIONS MADE AGAINST ESCALANTE AND HIS GROUP, PARTICULARLY THOSE OF RAUL CASTRO, PLACED THE RESPONSIBILITY FOR THE ACTIVITIES OF ANIBAL ESCALANTE ON THE USSR. BUSTAMANTE NOTED THAT UNTIL VERY RECENTLY THERE WAS IN THE CUBAN MINISTRY OF INTERIOR A FRENCH ADVISER AND FORMER MEMBER OF THE FRENCH SURETE, WHO APPARENTLY WAS AT ODDS WITH SOVIET ADVISERS OVER THE ORGANIZATION OF THE WORK OF THE STATE SECURITY. BUSTAMANTE HEARD ABOUT THIS FRENCHMAN VIA SEVERAL OF HIS FRENCH PATIENTS OR CONTACTS, WHO TOLD HIM OF HAVING MET THE FRENCH ADVISER ON SEVERAL OCCASIONS. THE EXISTENCE OF THE FRENCH ADVISER WAS CONFIRMED TO BUSTAMANTE BY A CUBAN DOCTOR FRIEND WHO ALSO WORKED IN THE CUBAN MINISTRY OF INTERIOR. BUSTAMANTE IMPLIED THAT THE FRENCH ADVISER HAD RECENLTY RETURNED TO FRANCE.

4. (SOURCE COMMENT: IT IS THE OPINION OF A NUMBER OF KNOWLEDGEABLE PERSONS IN HAVANA THAT ESCALANTE WAS A SOVIET AGENT.)

5. FIELD DISSEM: CINCLANT CINCSO

REPORT CLASS S E C R E T/NO FOREIGN DISSEM

PAGE TWO MEXICO CITY 3806 S E C R E T

ATOMIC RESEARCH REACTOR. BUSTAMANTE SAID HE TURNED DOWN ON ALL POINTS
BY SOVIETS. LATTER HOWEVER CHANGED THEIR MIND AND RECENTLY ASSURED
NUNEZ JIMENEZ, PRESIDENT HAVANA ACADEMY OF SCIENCES THAT REACTOR
SOON TO BE GIVEN CUBANS (DETAILS BY SEPARATE INTEL REPORT).

C. BUSTAMANTE RECENTLY COMPLETED STUDY REQUESTED BY
CUBAN GOVT OF REASONS PUSHING DOCTORS TO LEAVE CUBA. PROMISED
COPY FOR NEXT TIME LATTER VISITS CUBA NOW
SCHEDULED MAKE ONE LAST TRIP IN JAN).

2. STATION PER REF A SUGGESTED EFFORTS BE MADE OBTAIN
ASSESSMENT ON BUSTAMANTE FROM ONE OR MORE U.S. SCIENTISTS.
ATTENDING MEXICO CITY CONGRESS. WHILE JMWAVE CONCURRED THIS
PROPOSAL, STATION HAS RECEIVED NO INDICATION TO DATE THAT
HAS HAS MADE EFFORT BRIEF SCIENTIFIC SOURCES IT MAY HAVE AT
CONGRESS ON BUSTAMANTE. AS PUSHED HIS DEVELOPMENT OF
TO POINT
WHERE LATTER COULD PROBABLY BE USED TO OBTAIN ASSESSMENT
BUSTAMANTE.

Referencias:

DR. JOSE ANGEL BUSTAMANTE, involved in JFK
Found in: HSCA Segregated CIA Collection (microfilm - reel 50: Alpizar - Cubela)
JOSE ANGEL BUSTAMANTE.   DATE: 03/09/64   PAGES: 1
.SUBJECTS BUSTAMANTE, DR.
2. COLLECTED DOCUMENTS:BUSTAMENTE O'LEARY, JOSE ANGEL., pg 29
Found in: CIA documents released on April 26, 2018
NEW   DR; JOSE ANGEL (BUSTAMANTE).   5 HEAD PSJCHIATRIC DEPT OF
NATIONAL   SCIENTIFIC   INVESTIGATIONS.   HIS   DEPUTY   WAS
THAT BUSTAMANTE WAS PROVIDING Psychiatric I Rehabilitation to FIDEL
CASTRO.
3. DISPATCH-OPERATIONAL JOSE ANGEL BUSTAMANTE O'LEARY, pg 1
Found in: HSCA Segregated CIA Collection (microfilm - reel 50: Alpizar –
Rolando Cubela)
DOCUMENT INFORMATION ORIGINATOR : CIA FROM : COS HABANA TO :
CLHIEF,   WHD   TITLE   :   DISPATCH-OPERATIONAL JOSE
ANGEL BUSTAMANTE O'LEARY.
4. COLLECTED DOCUMENTS:BUSTAMENTE O'LEARY, JOSE ANGEL., pg 29
Found in: CIA documents released on November 3, 2017

DIRECTOR   15233   .. w   DR; JOSE ANGEL BUSTAM   A   NT   E
HSCA Segregated CIA Collection (microfilm - reel 50: Alpizar - Cubela)
10278 RECORD SERIES : JFK AGENCY FILE NUMBER : 80T01357A DOCUMENT
INFORMATION ORIGINATOR : CIA FROM : TO : TITLE : DOCUMENT TRANSFER
AND   CROSS   REFERENCE, JOSE
ANGEL BUSTAMANTE O'LEARY.
DATE : 02/28/64 PAGES : 2 SUBJECTS : BUSTAMANTE, CASTRO RUZ, FIDEL
DOCUMENT TYPE : PAPER, TEXTUAL DOCUMENT CLASSIFICATION : SECRET
RESTRICTIONS : OPEN IN see all page hits in this document »
see all 35673 page hits in Documents »

Capitulo 5
Componentes Dinámicos de la Personalidad:

Como sabemos el Hombre para su estudio lo podemos dividir en tres niveles de funcionamiento cada uno de ellos relacionados con el otro y conformando una interacción dinámica e integral, a saber:

<u>Biológico</u>, relativo a todos los elementos de Sistemas y órganos del cuerpo humano, encargados de dar vida y energía a través de las funciones básicas como la alimentación, la locomoción, descanso, reproducción, etc.

<u>Psicológico</u> el que se encarga mantener los procesos psíquicos activos para la vida de relación y permiten a través de la transformación de la energía del medio en mantener la información relativa al ambiente y su papel principal es la función cognitiva y las motivaciones.

<u>Social</u> representado por las normas, el papel o role y el estatus, factores capaces de conformar la adecuación del individuo en el grupo humano donde se desarrolla, matizándolo con las raíces culturales aportadas por su historia o experiencia individual y las que ha adquirido por el grupo humano al que ha pertenecido.

FACTORES DE DESESTABILIZACIÓN PSICOLÓGICA DEL PRISIONERO.

Nivel Biológico

La alteración de los hábitos de consumo de alimentos, trabajo y descanso en relación con un horario, por ejemplo, el desayuno al levantarse, almuerzo durante el cenit (12:00 Meridiano) y Cena después del atardecer se sustituyen con el desayuno mucho antes del amanecer, almuerzo a las 10:00 de la mañana y cena sobre las 2:00 de la tarde dejando sin alimento casi 18 horas al día, como consecuencia inmediata la alteración del Sistema Endocrino produce un ciclo de homeostasis dirigido a facilitar la inestabilidad emocional del individuo ya que dentro del limitado espacio de las celdas no puede consumir la energía que el sistema Endocrino ha incrementado para el aumento de la actividad muscular en función de la búsqueda de alimentos, sensación primaria de hambre instintiva.

La dieta diaria muy por debajo de los requerimientos calóricos por debajo de 1000 Kcalorias diarias lo cual en los primeros 15 días según las peculiaridades peso/estatura de los individuos hace reducir mas de un kilogramo diario de peso, provocando las consabidas alteraciones endocrinas del metabolismo y el aparato cardio respiratorio, incrementando las sensaciones de ansiedad de base biológica y vivencias del individuo con independencia a los temores normales de la inminencia del peligro de estar preso y desconocer su futuro inmediato y el aislamiento.

Nivel Psicológico

Apoyándonos en los conceptos del psicólogo anglo-americano Raymond Cattell, nos explicamos cómo funcionan la desestabilización de la Personalidad a través de la alteración de los llamados Factores de Ansiedad, cuyo objetivo inmediato es crear la sensación de pánico como fuerza desorganizadora de la Personalidad, valiéndose de un incremento de los Factores de Ansiedad en los cuatro niveles:

Factor de Inseguridad o Miedo
Factor C de Angustia o Manifestación Biológica de la Ansiedad
Factor Q1 de Temor a la Relación con el Instructor o Autoridad
Factor Q3 de Incapacidad de Controlar la Conducta
Raymond Bernard Cattell (20 de marzo de 1905 - 2 de febrero de 1998) fue un psicólogo británico y estadounidense, conocido por su investigación

psicométrica sobre la estructura psicológica intrapersonal.] Su trabajo también exploró las dimensiones básicas de la personalidad y el temperamento, el rango de las habilidades cognitivas, las dimensiones dinámicas de la motivación y la emoción, las dimensiones clínicas de la personalidad anormal, los patrones de sin talidad grupal y el comportamiento social, aplicaciones de la investigación de la personalidad a la psicoterapia y teoría del aprendizaje, predictores de la creatividad y el logro, y muchos métodos de investigación multivariados que incluyen el refinamiento de los métodos de análisis de factores para explorar y medir estos dominios. Cattell escribió, fue coautor o editó casi 60 libros académicos, más de 500 artículos de investigación y más de 30 pruebas psicométricas estandarizadas, cuestionarios y escalas de calificación. Según un ranking ampliamente citado, Cattell fue el 16º más eminente, el séptimo más citado en la literatura de revistas científicas, y uno de los psicólogos más productivos del siglo.

El brusco cambio de la persona detenida por la Policía Política esta enfilado a romper todos los hábitos de vida (alimentación, higiene, descanso, actividad y sueno) los cuales han actuado en el individuo como fuertes normalizadores de todas las actividades en los tres niveles tanto Biológico, Psicológico como Sociales.

Por lo tanto, someter a un individuo a un régimen de vida con una iluminación de 2000 watt con paredes pintadas de color blanco, en un espacio de menos de 12 metros cuadrados durante las 24 horas del día trae como consecuencia a nivel biológico la ruptura abrupta del ciclo de Luz-Obscuridad en el cual se han desarrollado todos los entes biológicos y que en la retina del ojo se establece una recombinación bioquímica del Retineno I y II en Iodoxina, la cual además, este factor a medio y corto plazo disminuye la capacidad de agudeza visual especialmente en la obscuridad a corto plazo funciona como un inhibidor de las hormonas que establecen los ciclos del sueño asociados a la obscuridad, provoca según múltiples evidencias experimentales agresividad, inestabilidad emocional grave y perdida del ciclo de sueño con alteración de los ritmos normales de la actividad eléctrica del cerebro.

La alteración de los hábitos de consumo de alimentos en función del tiempo o del horario del día, de desayuno al levantarse, almuerzo durante el cenit (12:00 Meridiano) y Cena después del atardecer se sustituyen con el desayuno mucho antes del amanecer, almuerzo a las 10:00 de la mañana y cena sobre las 2:00 de la tarde dejando sin alimento casi 18 horas al día, como consecuencia inmediata la alteración del Sistema Endocrino produce un ciclo de homeostasis dirigido a facilitar la inestabilidad emocional del individuo ya que dentro del limitado espacio de las celdas no puede consumir la energía que el sistema Endocrino ha incrementado para el aumento de la actividad muscular en función de la búsqueda de alimentos, sensación primaria de hambre instintiva.

La dieta diaria debajo de los requerimientos calóricos nunca mas de 1000 Kilo calorías diarias lo cual en los primeros 15 días según las peculiaridades del peso y la talla de los individuos hace reducir más de un kilogramo diario de peso, provocando las consabidas alteraciones endocrinas del metabolismo y el aparato cardio respiratorio, incrementando las sensaciones de Ansiedad de base biológica y vivencia da por el individuo con independencia a los temores normales de la inminencia del peligro de estar preso y desconocer su futuro inmediato.

Estos factores de desestabilización son incrementados por la actividad de los Centinelas o Guardias del Pasillo que establecen un sistemático abrir y cerrar la escotilla de hierro de cada una de las puertas de las Celdas, produciendo ruidos de alta intensidad constantemente, los llamados a interrogatorios de madrugada y la desinfección con sustancias toxicas como la creolina en grandes cantidades de madrugada dentro de cada celda para producir todo tipo de irritación e infección posterior de las mucosas de los ojos y gargantas de los reos.

Con la alteración de los ciclos de LUZ-Obscuridad los cuales determinan reacciones bioquímicas reversibles en la retina del ojo, convirtiendo el Retineno 1 y 2 en Iodoxina, las cuales facilitan que los neurotransmisores encargados de provocar los procesos de inhibición del Sistema Nervioso para establecer sistemática y fisiológicamente lo que conocemos por sueno.

Sin embargo, la iluminación permanente condiciona, al alterar la secreción de los neurotransmisores un incremento en la excitación del Sistema Nervioso, deteriorando su capacidad de recuperación de la Energía Nerviosa mediante el reposo o sueno. A mediano y largo plazo los que hemos sufrido la deprivación de estímulos lumínicos padecemos de diferentes tipos de enfermedades neurológicas, incluyendo enfermedades del tracto respiratorio, alteraciones funcionales de la visión, audición, locomoción, trastornos metabólicos como diabetes, Parkison y otros trastornos.

Es conocido que el colapso del Sistema Nervioso puede sobrevenir después de 72 horas interrumpidas sin sueno en dependencia de las peculiaridades individuales, pero además otras muchas alteraciones de los procesos psíquicos tienen lugar a consecuencia de este fenómeno, entre los más importantes podemos destacar el cambio del nivel de precisión de los procesos psíquicos en especial los vinculados a las funciones cognitivas, perdiendo con el transcurso de los días la capacidad de orientación temporal, un incremento en la incapacidad de controlar la conducta, así como la sensación de rápido deterioro de la capacidad de inhibición de respuestas instintivas ya que las ansiedad de base o vivencia genera inseguridad, convirtiendo a la persona normal en cada vez impulsiva e irracional, perdida de la coordinación del pensamiento y fallos en los procesos de la capacidad de grabación de la huella anémica(memorización).

La memoria operativa y los procesas de organización diaria de las huellas de la memoria se afectan y deterioran el resto de los procesos psíquicos como la percepción, la motivación y el concepto de sí mismo. La organización del pensamiento y el brusco cambio de la forma de comunicación y lenguaje es una variable importante que intervienen en desorganizar la personalidad.

Como sabemos la memoria, es la principal fuente del pensamiento y del lenguaje, se organiza cronológicamente en nuestro recuerdo, durante los proceso que tienen lugar durante el sueño profundo cuando la interacción de la memoria y el pensamiento valiéndose de los métodos de la continuidad de los de los eventos experimentados por el individuo diariamente interactúan dinámicamente con los factores emocionales y motivacionales, asociándose complejamente en los mismos en función de la jerarquía de cada uno de estos, sin embargo al estos no producirse comienzan un proceso de desintegración y directamente el individuo sometido a este régimen siente la incapacidad de tener control sobre su pensamiento y su expresión especialmente la verbal, de lo cual se aprovechan manteniendo la grabación secreta y los llamados agentes de celda o provocadores.

Insomnio Provocado

Estos factores antes mencionados son apoyados con la Administración en secreto o sea enmascarada en los alimentos líquidos de Metil Fenidato, una droga que inhibe el Sistema Nervioso pero, luego de 25 a 30 minutos de un sueño profundo actúa directamente sobre la Corteza Cerebral, creando una excitación extrema, alterando como científicamente y experimentalmente se conoce la corteza cerebral, excitando hasta sacar fuera de control los procesos del Pensamiento, Percepción, Memoria, Lenguaje entre otros, provocando la imposibilidad de tener bajo control que debe decir o que no debe decir, y por lo tanto exteriorizar de forma involuntaria los pensamientos latentes y en conflicto con el status de prisionero.

Sin el uso del elemento farmacológico se manejan contra el prisionero los agentes físicos incompatibles con la inhibición del sistema Nervioso para el estado del sueño, tales como la iluminación, ruido, tirar las puertas de hierro de la celda de cada uno o las restantes, ordenes de mando, conversaciones entre los centinelas amenazando a otros presos, la limpieza de la celda, orden de tomar baño, creolina en alta concentración para irritar la mucosa nasal y los ojos con el penetrante olor, revisión del dormitorio buscando objetos escondidos, en fin, cualquier justificación para alterar la tranquilidad del preso e impedir la recuperación de energía psicológica que produce fisiológicamente el sueño profundo.

Referencias:
Notas del Autor.
La Personalidad y su desarrollo de W. Allport

R Gillis, J. (2014). *Psychology's Secret Genius: The Lives and Works of Raymond B. Cattell*. Amazon Kindle Edition.

Festschrift for Raymond B. Cattell (1988). *The Analysis of Personality in Research and Assessment: In Tribute to Raymond B. Cattell*. (2 April, & 17 June 1986). University College London: Independent Assessment and Research Centre (Preface by K.M. Miller). ISBN 0 9504493 1 8

Cattell, R. B. (1948). Concepts and methods in the measurement of group syntality. *Psychological Review, 55*(1), 48-63. doi: 10.1037/h0055921

Cattell, R. B. (1987). *Psychotherapy by Structured Learning Theory.* New York: Springer.^ Cattell, R. B., & Butcher, H. J. (1968). *The Prediction of Achievement and Creativity.* Indianapolis: Bobbs-Merrill.

Cattell, R. B. (1966). (Ed.), *Handbook of Multivariate Experimental Psychology.* Chicago, IL: Rand McNally.

Capítulo 6

Vectores Biológicos

La utilización de plagas de insectos, aprovechando la falta de higiene

especialmente provocada en una celda y trasladando a sus moradores a una y otra celda, haciendo la propagación de las plagas de insectos que simbióticamente pueden pervivir en el cuerpo humano provocando picazón y escozor de la piel, convirtiéndolo de hecho en un elemento permanente para provocar la alteración del Sistema Nervioso (Chinchas, Caránganos, Pulgas, Ladillas, etc.

Las conocidas chinchas que viven en las planchas de bagazo de caña que sirven de cama a los presos, salen en grupos de miles cada noche a picar las piernas y brazos de los presos, las picadas en la piel de los pies y hombros se pueden contar por miles en la piel de cualquier preso cubano.

Existen tres tipos de piojos que se alimentan de los humanos.
El Piojo que se aloja en la cabeza. (*Pediculus humanus capitus*)
El Piojo que se aloja en el cuerpo (*Pediculus humanus humanus*)
El Piojo del Pubis o Ladilla (*Pthirus pubis*)

Los piojos de la cabeza y del cuerpo son muy parecidos, considerando que los piojos del cuerpo son un poco más grandes. El abdomen de estos piojos es más largo que ancho y sus seis patas son del mismo largo. En contraste, el abdomen de la ladilla es un poco más ancho que largo y el segundo y tercer par de patas son más anchas que el primer par. Las ladillas son más pequeñas que los piojos de la cabeza y cuerpo.

Las ninfas de los piojos salen de los huevos en aproximadamente diez días, dependiendo de la temperatura. Hay tres etapas ninfales, la tercera seguida por la etapa adulta. En cada etapa deben consumir sangre si van a sobrevivir y continuar su desarrollo. Los piojos adultos viven alrededor de 30 días.

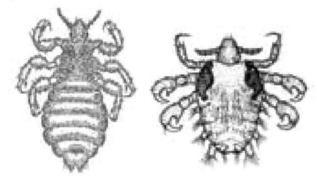

Pediculus   *humanus*
capitus   *humanus*
Pediculus   *humanus*

Las ladillas quizás el temido de todos los vectores biológicos utilizados contra la población penal, se aloja en los folículos pilosos del pubis pero puede estar en cualquier lugar del cuerpo si la persona posee bellos superfluos fuertes y abundantes, hasta en las cejas. La picazón que produce después de las 7 de la noche se hace insoportablemente dolorosa.

Otros insectos no identificados que viven dentro de los bejucos o ramas secas de malangeta que por lo general son los colchones de las prisiones, pican y producen un escozor en la cabeza y en ocasiones penetran por los oídos.

Simúlidos ("Blackflies")

Conocidos como jejenes este mosquito negro es muy agresivo y también frecuenta cadáveres de cualquier tipo y heces fecales por lo cual transporta bacterias peligrosas que inocula durante sus picadas o más bien se dice que muerde pues hace verdaderas excavaciones en la piel.

Los simúlidos, son insectos pequeños, las hembras son hematófagas por lo que poseen un aparato bucal adaptado para succionar la sangre de los mamíferos.

Son generalmente de color negro, pero hay algunas grises y se suelen encontrar también de color rojo. Tienen el tórax prominente y desarrollado. Existen numerosas especies pero solo algunas atacan al hombre.-

Suelen aparecer en grandes cantidades a fines de la primavera y en el verano. Se las encuentra en toda AMERICA, desde Canadá hasta la Patagonia, sumamente frecuente en ríos, pantanos y costas de Cuba.

Sus picadas son muy dolorosas. Inyectan sustancias que producen un fuerte escozor, hinchazón y enrojecimiento en forma circular alrededor de la herida. Estos síntomas pueden durar varios días. Se mencionan casos de muerte de animales por las TOXINAS inyectadas por gran cantidad de picaduras recibidas en muy poco tiempo y por gran pérdida de sangre.

• Son una plaga molesta y vector de enfermedades tanto para animales (mamíferos y aves) como para el hombre.

- Sus picaduras provocan dermatosis con severas reacciones locales como prurito, edematización, eritemas y en algunos casos hasta infecciones. Seguidas con fiebres, cefalea, náuseas y adenitis (inflamación de ganglios linfáticos) además de ser vector de epidemias.

- Son transmisores de filarias, entre las que se citan las que provocan la oncocercosis conocida como la ceguera de los ríos y mansonellosis.

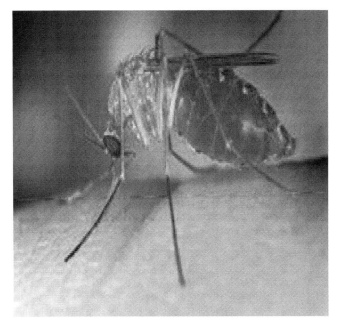

- Se los señala como vectores de arboribus. Entre otros se mencionan como implicados en la transmisión del virus de la Encefalitis Equina Venezolana (VEV) y el Este (VEE). También transmiten protozoos como *Leucocytozoon* a las aves y *Crithidia* del que se desconoce su huésped.

- Además de la importancia sanitaria, los simúlidos impactan al hombre con pérdidas económicas en la actividad agrícola-ganadera causando muerte en ganado por la toxina por su aparato bucal, provocando síndromes hemorrágicos.

Estos insectos están activos durante el día y normalmente pican en lugares más o menos sombreados, llegando a volar hasta unos 20 kilómetros en busca de su alimento: LA SANGRE HUMANA.

Culex es un <u>genero de mosquito</u>, importante vector de muchas enfermedades infecto contagiosas tales como <u>West Nile virus</u>, <u>filariasis</u>, <u>Japanese encephalitis</u>, <u>St. Louis encephalitis</u> dengue hemorrágico y malaria aviar.

Los presos están expuestos constantemente a sus picadas y muchos mueren de estas enfermedades sin atención médica, lo cual es un género de tortura sistemáticamente aplicada a la población penal.

Agentes de Celda

El Trabajo Operativo Secreto, conocido por el TOS, se encarga de tener en cada lugar de la prisión a los presos que son capaces de informar de todas las acciones de interés para mantener la represión dentro de las prisiones, tanto políticas como delictivas, pero también forman parte de una actividad clandestina dentro y fuera de las prisiones, utilizados para hacer robos para cubrir los registros secretos a funcionarios que se sospechen han contactado con el enemigo fuera del país o dentro, asesinar potenciales enemigos, desmoralizar con actividades homosexuales dejando huellas en la escena del crimen, para desviar la atención del móvil del hecho en si, etc. Lógicamente muchos jefes utilizan este método para el enriquecimiento propio como trafico de drogas, robos, asaltos, "favores de eliminación" etc.

Los oficiales del llamado TOS (Trabajo Operativo Secreto), son los más corruptos que pudieran existir dentro del MININT, ya que se enriquecen rápidamente porque ellos son los jefes del tráfico de drogas dentro de la prisión y cuando no es las drogas, son los jabones u otros productos que pudieran ser de utilidad entre los presos. Desde su posición pueden facilitar los asesinatos o la extorsión de los personajes dentro del sistema penitenciario y fuera.

En lo social es decir el Grupo humano que se conforma para que cada uno de los individuos sienta la presión psicológica de la promiscuidad y el terror, se completa con la introducción de presos comunes con un especial expediente y de aspecto personal especialmente repulsivos y agresivos que por sus rasgos y tatuajes en la piel, lenguaje despectivo con constante alusión a su historia delictiva de asesinatos, robo, homosexualidad masculina como pederastas activos, gamberros, etc.

Desestabilización Emocional
Otra de los métodos utilizados es el uso de animales peligrosos en el recinto del prisionero como perros, cocodrilos, monos y osos, los cuales son ocasionalmente utilizados para provocar el terror de los presos alterando de manera especial el concepto de mismo y de dependencia para su instinto de conservación de las autoridades represivas quien controla cuanto puede dormir, cuanto comer, puede dormir sobre colchoneta o sobre hierro, si recibe o no visita, si es afeitado,

pelado, etc. Algunos presos políticos como el Dr. Jose Veguilla han reportado el uso de este tipo de tortura con animales.

La Psiquiatría y sus Psiquiatras un Arma mas de la Revolución"Como parte del proceso de Instrucción todos los acusados deben ser evaluados por Psiquiatras y Psicólogos Forenses para conocer el grado de responsabilidad penal sobre los hechos que se le imputan, así supuestamente todos los acusados de delitos mayores en especial los Delitos Contra las Personas y contra la Seguridad del Estado se envían a los diferentes Hospitales Psiquiátricos Provinciales y en las

provincias de la Capital al Hospital Psiquiátrico Nacional y al Instituto de Medicina Legal para ser evaluados, pero la Ley establece a menos tres días de Observación Sistemática, por lo cual, es que las personas con delitos de vínculos políticos se pasan por esta Sala.

Hospital Psiquiátrico Nacional en la Ave. De Independencia y Calle Palma, Rancho Boyeros.

La introducción de los presos en la Sala de Procesados "Pedro Carbo" del Hospital Psiquiátrico Nacional situada en Rancho Boyeros en el Km 23 de la Avenida de Independencia, dirigido por el sádico Dr. Eduardo Bernabe Ordaz Ducungue es parte del proceso de Instrucción de la Causa, pero reviste la peculiaridad que el procesado se interna en una Sala de Enfermos Mentales Crónicos con Historias de Homicidios y Violencia.

Eduardo Bernabé Ordaz Ducungue, era un Interno de Anestesiología del Hospital "Calixto García" cuando se unió a la Columna Uno en la Sierra Maestra, en 1958 y le adjudicaron grado de Comandante junto a Fernández Mell. La especialidad de Psiquiatría esta ausente de su curriculum, su arribo a Mazorra en los primero días de 1959, se caracterizó por orgías de sexo especial y alcohol, a los pocos meses contrajo matrimonio con Adela Balary y muy pronto copiando a su maestro reunió a su lado a jóvenes deportistas del baseball creando los equipos de jugadores denominado "Los Locos de Mazorra" y apadrino los

"Aéreos" los cuales les dio todo género de privilegios entre ellos las orgias y viviendas en la zona.

Durante muchos años llegaron al Hospital cargamentos de las más disímiles mercancías y bienes, materiales de construcción cuantiosos recursos para la supuesta obra humanitaria de los pacientes psiquiátricos a quienes puso a trabajar sin que recibieran pago, aunque el Hospital recibía un presupuesto para este pago, el dinero se le decía a los pacientes se le guardaba con un descuento por gastos de comida, ropa y dormitorio. Este renglón de corrupción económica durante muchos años genero millones de pesos para ser repartido entre los bolsillos de los dirigentes del Hospital. El jefe de Personal, el jefe de estadística y el económico.

Las plantillas del Hospital es un ejemplo de corrupción administrativa, con empleados que solo venían al Hospital a cobrar, pero parte de salario lo compartían con el Jefe del Tarjetero y el Jefe de Personal.

El Presupuesto de Mazorra era tan grande como el resto del presupuesto de toda la provincia de Salud Publica y varios jefes de Grupos Nacionales de Psiquiatría trataron de poner bajo control las irregularidades de Ordaz, entre ellos el Dr. Guillermo Barrientos que siendo Jefe Nacional de Psiquiatría hizo un contundente informe sobre todos los derroches corruptos y malos tratos a los pacientes, este informe llego a manos de Castro, y sin mirarlo dijo, -"Lo que haga Ordaz está bien hecho"

La documentación en 1991 por los Dr. Charles Brown-Armando Lago y el Centro de Investigación de Radio Martí sumaron hasta 1996 mas de 371 casos documentados sobre los abusos contra procesados en la Sala Carbo Servía del Hospital Psiquiátrico Nacional dirigida por los Doctores Jorge Perera y Noel Lazaro Suárez, ahora conocido por Lázaro Suarez. (Residente en la Florida)

Si tenemos una comparación de la cantidad de casos documentados en igual periodo en la URSS donde solo se pudieron identificar 300 casos la tasa de abusos de Cuba supera la de URSS (1/1,000,000) Cuba (1/30,000).
El ambiente que se percibe en aquella sala puede ser descrito de la siguiente manera, es una habitación casi cuadrada de techo con una altura de 16 pies de alto con un balcón interior en el frente y los lados donde se supone que los

empleados cuiden del orden y la seguridad de los pacientes, la estación de enfermería esta en el frente fuertemente enrejada y además cristales transparentes que separan a los enfermeros de los pacientes. No hay ventanas y la ventilación es mínima, la iluminación es una permanente penumbra.

Los baños están ubicados en el costado derecho consisten en solo orificios en el piso de un granito desde cuando se fabricó el Hospital y unos tubos con agua que salen de la pared a unos 10 pies de altura, el olor de los deshechos y las moscas es parte del obsequio que reciben, algunos pacientes crónicos duermen en aquella humedad pestilente. El ancho del edificio es 300 pies por un largo de 300 pies, la población de pacientes y procesados es de unos 250-300. (aproximado de las medidas de acuerdo a mi recuerdo)

Los pacientes permanentes de la sala son por lo general, Epilépticos o Psicosis crónica, quienes gritan o caen al piso con convulsiones o ataques psicomotores a quienes tiene a su alrededor, orinan y defecan donde se les antoja y en muchos casos juegan con lo detritos humanos.

Es un espectáculo constante de conductas bizarras, allí no existe el día, ni la noche. Los empleados por lo general están sentados en la estación de enfermería viendo TV o sentados en el portal, el Jefe del Servicio de Vigilancia es conocido por el Torero, quien vive en el Reparto Calixto Sánchez en Rancho Boyeros, quien cobra a los familiares para dar las visitas o dieta especial y ha participado en llevar pacientes psiquiátricas a tener relaciones sexuales con empleados y pacientes a forma de espectáculo pornográfico.

El feudo de Ordaz, como se le conoce, tiene una "residencia" fortaleza al estilo del Comandante en punto cero, vigilada por escuadras de pacientes psiquiátricos escogidos por su lealtad que no dejan a nadie acercarse desde el área que esta un parque al lado norte de la administración central, la línea y la parte trasera de dicho Castillo, en el patio hay caballos, cocodrilos, leones y tigres, así como crías de gallos de pelea perseguidos para el resto de los cubanos pero Juan Almeida, Guillermo García y Ordaz han tenido estas crías no solo para las peleas, sino también para venderlas en el área del Caribe para usufructo propio.

Esta residencia es una de las residencias del Ordaz, otras están ubicadas en Fontanar donde reside la mayor parte de la familia incluyendo su famoso sobrino, estas mansiones de Fontanar son unas dos manzanas entre 5ta. Ave y la 179 calle y 181 calle en Fontanar, otro complejo de residencias de su uso está en Alta Habana cerca del Hospital Nacional, otras están en Cubanacan detrás de la casa de Juan Almeida y otra está en el Vedado al lado del Instituto de Cardiología. Tiene fincas en Bauta y en Caimito del Guayabal para caballos de Paso Fino y Gallos, todos atendidos por pacientes psiquiátricos que solo reciben como estímulo "cigarros".

Los medicamentos psiquiátricos combinados pueden producir efectos psicotrópicos y alucinógenos produciendo efectos semejantes a la Cannabis Játiva (Marihuana), el Ácido Lisérgico (LSD) y otros lo cual ha sido fuente de enriquecimiento y corrupción de los empleados del Hospital Psiquiátrico Nacional, además de las siembras de marihuana que ha mantenido el Dr. Ordaz detrás de la siembra de rosas y la granja de pollos. Hecho este documentado por el autor cuando fuera Investigador Secreto de la Contra Inteligencia en los años 1970-1977 (FH Celedonio/Sección A Regional Boyeros)

Las condiciones higiénicas y de alimentación son deplorables, así como el estado de permanente acoso al recién llegado por parte de los enfermos es molesto y para la gran mayoría de las personas no familiarizadas con el ambiente de un sala de Acusados de un Hospital Psiquiátrico es realmente una fuente de terror y sobre todo una amenaza constante a su seguridad e integridad personal.

Como ejemplo del salvajismo cruel fui Testigo y compañero de celda durante 72 horas de Roberto Pupo, estudiante de Matemática que grito al alcance de los Micrófonos durante un evento deportivo "Abajo el Tirano", después de ser golpeado salvajemente por los Boxeadores que participaron en el evento, fue ingresado en esta Sala y un desconocido le hizo una herida inciso de izquierda a derecha a la altura de los ojos, dejándole como secuela una sobresaliente cicatriz, pero además los Electroshock recibidos bajo la prescripción facultativa del Dr. Jorge Pereda, Jefe de esta Sala. El origen de la conducta de Roberto Pupo fue el secuestro de su novia por el General Tomasevich, cuando era jefe del Ejército de Oriente, quien la llevo para Santiago de Cuba y estuvo cautiva por largo tiempo.

Este joven por gritar una verdad contra de la Dictadura padece de un deterioro severo e irreversible de sus procesos psíquicos con una personalidad típica de los pacientes psiquiátricos crónicos, solo del brillante estudiante de Matemática queda el nombre, Roberto Pupo..

Creación de Conflictos Interpersonales

La agrupación a la fuerza de individuos desnudos ha sido práctica habitual, de casi todos los meses durante las llamadas requisas en la prisiones, el método consiste en ordenar despojarse de toda la ropa y formar filas empujando a unos contra otros hasta llenar las celdas o cubículos, provocando el contacto de las partes genitales de unos con otros. Este espectáculo tan aberrante ha sido práctica habitual durante muchos años en las prisiones.

La formación de prisioneros desnudos y compactados a la fuerza contra la pared crean problemas graves entre los presos, ya que algunos se sienten excitados sexualmente al contacto de cuerpos contra cuerpos y otros lo rechazan lo cual es aprovechado por el sistema penitenciario para disminuir la estimación personal de cada individuo involucrado en estos conflictos especialmente cuando es dirigido contra cierta persona, lo cual es aprovechado para golpear al preso, pues ellos tiene la posibilidad de poner el orden de la formación y poner detrás de cada objetivo a presos con tendencia a la pederastia.

Este comportamiento de las autoridades esta enfilado a crear una desmoralización en los débiles y en los otros a involucrarse en graves problemas al defender su dignidad y conseguir años de castigo, siendo esta la causa número uno de suicidios y homicidios en el ambiente penal.

Otra forma de crear problemas entre los presos es sancionar al Destacamento completo por tener entre sus miembros a un determinado preso, personalmente viví la experiencia por largo tiempo que los Destacamentos 15 y 16 de la Prisión de Quivican, no podían ver Televisión porque el autor de este libro se negaba a participar en el Sistema de Emulación Socialista, creándome 260 enemigos con los cuales tenía casi permanente conflicto y constante amenaza.

Trabajos Infra Humanos

Las lagunas de oxidación son los tanques sépticos expuestos a la atmosfera, cada prisión tiene una laguna para evacuar las aguas de albañal (heces fecales putrefactas), los presos tienen que trabajar sumergidos hasta el cuello con unas guatacas moviendo el sólido que se va formando en el fondo, este trabajo durante 8 horas o mas consecutivas en estas tanques durante jornadas de trabajo cada vez que a las autoridades penitenciarias se les ocurre que hay que mover aquellas infernales mezcla de excrementos podridos, este olor insoportable permanece en el cuerpo humano por largo tiempo y por donde pase, unido a la escasez de agua y jabón o cualquier sustancia germicida, crea entonces infecciones en la piel, cuero cabelludo, garganta, ojos, etc.

Convirtiéndose de hecho en un foco de infección ambulante y la peste que genera la persona cuando regresa a los cubículos o celda le hace muy desagradable la respiración a los demás, siendo este preso objeto de agresiones verbales y físicas por la peste.

Esto es práctica común en todas las prisiones del régimen castrista.

Otro trabajo especial para presos es la búsqueda de combustible para cocinar, por lo general se utilizan restos de árboles conocidos por leña, casi a todo lo largo de la costa sur y en algunos lugares de la costa norte de la isla de Cuba hay lagunas costeras donde prolifera el mangle y otros arbustos, la recolección y corte de estos arbustos junto con el marabú que es un arbusto que en ocasiones es bastante alto pero de una madera muy fuerte y cubierto de unas espinas muy finas y fuertes es el trabajo de algunos presos, sin estas maderas que algunas se cortan en el agua o también se transportan con el auxilio de búfalos de Vietnam utilizados para el arrastre de esos lotes de madera por los canales, lo importante de este inhumano trabajo es que estos canales tienen agua muy contaminada dada la incapacidad de movimiento de las mismas, así el fango y los desechos biológicos crean un ambiente de un olor desagradable además de la cantidad de insectos que habitan en estos pantanos, especialmente el mosquito, el jején y el llamado roedor que penetra por la oreja y hace caverna en las orejas humanas.

Una persona en un estado psicológico adecuado puede ubicarse en el espacio o lugar correctamente como también en el concepto del tiempo (ahora).

Esta habilidad juega un papel de capital importancia en el ordenamiento de la memoria como base fundamental de los procesos psíquicos, sin memoria organizada no existe coherencia del pensamiento, ni da la conducta, de hecho, no hay psiquismo. La memoria es la base de los procesos psíquicos en especial los cognitivos que nos permiten conocer de manera adecuada el ambiente que nos rodea.

La destrucción de la organización psicológica del llamado psiquismo del individuo es el objetivo que el torturador busca destruir, para los comunistas este la diana, el torturador utiliza convenientemente todo lo que tiene de herramientas para el rompimiento de la rutina, que consiste en la histórica creación de hábitos de cada individuo dentro de cierta regularidad, tanto en el espacio como con el tiempo trascendiendo por los horarios alterados, los ciclos de iluminación, alimentación y actividad para crear un desbalance general, lo cual les facilita fragmentar la personalidad, alterando los componentes emocionales y motivacionales mas primarios para recatar de parte del individuo su equilibrio a cualquier precio.

Por los antecedentes históricos de cada individuo se proyectara entonces en estas nuevas condiciones su nivel de funcionamiento psicológico hacia lo neurótico o psicótico, la fortaleza psicológica se puede tener a un alto costo de energía psicológica para poder obtener un nivel aceptable de integración de sus procesos para poder soportar los embates a que es sometido.

Este alto costo lo puede llevar a somatizar es decir a focalizar esta energía en diferentes áreas u órganos de su cuerpo y este alto flujo de energía se convierten en presión arterial alta, alto metabolismo en los pulmones, incapacidad para dormir, diarreas, dolores de cabeza, dolores musculares, etc. De hecho este alto consumo de energía psicología empleada para mantener dicho balance se convierte de hecho en un elemento de sufrimiento y dolor lo cual no es más que un factor de tortura por parte del régimen.

Proceso de Instrucción de Causa.

Los interrogatorios o las Entrevistas con los llamados Instructores de Causa se fundamentan en estas ventajas psicológicas que le otorga tener a personas sometidas a este régimen de vida establecido para la desestabilización psicológica con la total dependencia a su voluntad, pero además las Victimas del régimen son sometidas a amenazas contra seres queridos que pueden ser asesinados por medio de accidentes de tránsito, o bien la esposa le pueden provocar relaciones extramatrimoniales reales o falsas, pero este es un medio muy utilizado, como también crear la sospecha de traición de otras personas involucradas en la causa y dar informaciones colaterales como si salieran de personas intimas que colaboran con los intereses de la Policía Política o los Investigadores de la Policía Nacional Revolucionaria.

Para asistir a las visitas de 10 minutos con los familiares seleccionados por el Oficial que atiende el caso, se somete al reo y a la familia a un registro, momento que aprovechan las autoridades para robar dinero en efectivo de las carteras de los familiares en especial de las mujeres.

Torturas como castigo

La Tortura Física como castigo es comúnmente utilizada en las prisiones y el preso la recibe día a día, minuto a minuto durante su larga estancia en prisión:

Golpeando en grupos o a individuos con unos tubos de plástico o con las llamadas estonfas japonesas que alcanzan muy alta velocidad de impacto, estas llamadas golpizas son a discreción de los soldados que custodian los presos, ellos están en libertad de escoger a quien golpear, cuanto golpear sin tener que dar explicaciones a sus superiores de los motivos, ni resultados de sus acciones.

Otros motivos para golpear es cuando el preso ha cometido alguna conducta irregular y se le castiga sometiéndole a una golpiza por varios soldados a la vez, por lo general dejan a los presos en el piso sin conocimiento y esta prohibido que otros presos lleguen a su rescate o ayuda. Es frecuente encontrar presos con tumores cerebrales a consecuencia de fracturas de cráneo y hemangiomas (bolsas de sangre en el cuero cabelludo a consecuencia de los golpes recibidos.

Es interesante destacar que los golpes en la inmensa mayoría de las veces son golpes arbitrarios sin que medie entre el preso y el militar conflicto alguno, por ejemplo a tener que pasar por las puertas que dan acceso al patio o al comedor en ocasiones los militares golpean al azar, pueden ser patadas o golpes de mano conocidas por Maguachi Geri o Suki de manera arbitraria con el objeto de probar su capacidad de impacto o su destreza, también pueden golpear con las herramientas que se utilizan para abrir las puertas, pues en las prisiones cubanas no hay candados sino unas tuercas de 4 pulgadas que se aprietan con unas herramientas de 18 pulgadas.

En teatros de operaciones o dentro de las instituciones hay salas especialmente dedicadas a las torturas, como es el tercer piso de la Sección de Operaciones de la Seguridad del Estado o en el Departamento Técnico de Investigaciones de la Policía Nacional Revolucionaria donde existen cuartos de baja temperatura, mesas con amarras donde aplican electricidad en los pies, sillas donde amarran al prisionero y le tapan la cabeza y le dan vueltas a muy alta velocidad y luego le propinan golpes en la cabeza al azar, habitaciones con animales como osos, cocodrilos, monos, arañas peludas y alacranes, etc.

El ahogamiento o sofocación con agua ha sido práctica habitual, pero en la posición de la cabeza por debajo del nivel del cuerpo como es la tortura simulada, sino tirando al preso en el agua y manteniéndolo de cuerpo completo hasta llegar a la asfixia.

Las llamadas gavetas (pizzería) donde prácticamente sepultan en gavetas a los prisioneros por meses en posición de acostado en espacio limitado al espacio del cuerpo donde el orine y las heces fecales permanecen encima y debajo del prisionero. Celdas (2' x 6) con espacio para 5 personas donde solo hay espacio para 4, el quinto tiene que acostarse debajo de los otros, todos desnudos para crear problemas entre ellos.

En las prisiones existen pequeños grupos o pandillas a que los presos se agrupan y en realidad son controlados por algún militar que les ofrece muchos tipos de negocios o privilegio a sus jefes, estos negocios abarcan las obras de arte creadas en la prisión, objetos de Artesanía, drogas, jabón, zapatos, o armas blancas, etc. las rivalidades entre estos grupos por incumplimientos de transacciones es utilizado por los militares para golpear y cabe la posibilidad que algún preso con determinada jerarquía inclusive utilice a los militares para propinar castigos sobre algún rival.

La corrupción de los militares especialmente en la actividad de la inserción de sustancias psicotrópicas y alucinógenos en las prisiones es increíble así como el enriquecimiento, muchas bandas de criminales operan dirigidos desde las prisiones por delincuentes de gran experiencia y utilizan como contacto a los militares que obtienen una vía de enriquecimiento fácil y segura.

Las torturas usuales en las prisiones son colgar de los brazos a las personas, fijarlo en determinada posición utilizando esposas contra las rejas durante horas y horas dejando al preso vulnerable a otros presos los cuales le tiran orina y heces fecales si lo ponen de espalda al cubículo.

Amenaza de asesinar a los familiares cercanos al preso en accidentes de tránsito y llevar al reo hasta el lugar del hecho para que vea la inminencia del crimen, fotos de la esposa en algún lugar público compartiendo con un Oficial del MinInt lo cual condiciona luego la burla de otros presos y de los soldados a los cuales les informan sobre el asunto.

Presionar a la esposa para que acepte ofrecimientos de trabajo, casa, u otra necesidad de urgencia con la condición de que rompa relaciones con el preso. Provocar conductas homosexuales o de otro tipo a personas allegadas y tomar fotos para enseñársela al prisionero.

Cambiar sin previo aviso las fechas de visitas a las prisiones para desalentar a los familiares a la asistencia de las visitas.

Inspecciones desnudas y requisas en el cuerpo humano a las mujeres que visitan la prisión, sometiéndolas a registro dentro de su vagina y ano.

Decomisacion de cualquier objeto que les interesa dentro del marco de una visita

Arbitrarias selección de los alimentos que se le pueden llevar al preso, prohibiendo todo tipo de proteínas y medicamentos que puedan servir como suplemento dietética

La última moda ha sido amarrarlo ponerle esposas en pies y manos y poner una tabla entre cada brazo y entre cada pierna, esta se conoce como Shakira. Esto produce lesiones casi irreversibles en las articulaciones dejando a los presos con incapacidad para la locomoción.

La Playa es introducir al preso en una celda inundada con heces fecales por meses, este es vacaciones en la playa. Muy común es poner a un preso joven con dos homosexuales activos para obligarlo a mantener relaciones sexuales, esta es la que mas suicidios provoca, de 42 muertos en este primer cuatrimestre 11 se suicidaron. Fuentes del periódico izquierdista y anticubano Miami Herald

La restricción de alimentos, agua y servicios médicos en especial para las diarreas que es padecimiento crónico en las prisiones por la falta de condiciones higiénico sanitario es un malestar que las autoridades manipulan para torturar a los presos.

Solo no tener agua para tomar y bañarse, no tener un analgésico para un dolor de dientes, es una tortura, estos dolores sistemáticamente son calmados con una golpiza hasta dejar a los presos en estado totalmente inconscientes.

Según el Miami Herald fuente muy poco dada a criticar la dictadura castrista, en su edición de May 19, 2009 plantea que:

Al menos 18 muertes de prisioneros comunes --10 de ellas por suicidio-- han ocurrido en las cárceles cubanas en lo que va de año, según reportes de familiares de las víctimas y activistas de derechos humanos desde la isla.

La información recopilada por El Nuevo Herald indica que las principales causas de los fallecimientos fueron ataques cardiacos, ahorcamiento y suicidio por ingestión de tóxicos como el petróleo, gasolina o cristales, en la mayoría de los casos vinculados a la negligencia de las autoridades penitenciarias. Los reportes obtenidos abarcan de enero a abril de este año.

Aunque el gobierno cubano no ofrece estadísticas sobre las muertes ocurridas en sus prisiones, grupos de derechos humanos y miembros de la oposición interna compilan datos proporcionados por familiares de los reos y presos políticos, con la contribución adicional de los periodistas independientes dentro de la isla.

Aunque es información fragmentada e incompleta, los reportes evidencian un crecimiento desproporcionado de las muertes en prisión por desidia de los guardianes, suicidios y violencia tras las rejas.

Extraoficialmente, durante el 2008 hubo 42 muertes en las cárceles cubanas, 23 de ellas por falta de cuidados médicos y 11 por suicidio.
Sin embargo, representantes de la disidencia y organismos internacionales de derechos humanos consideran que pudieran llegar a entre 50 y 100 debido a que no se reciben reportes de todas las prisiones y sólo se divulgan los casos que se conocen de manera indirecta.

Llama la atención que casi la mitad de los muertos reportados es por suicidio categoría que el régimen trata de minimizar pues generalmente el Ministerio del Interior pide a los médicos que extienden el Certificado de Defunción que lo diagnostiquen como muerte clínica con atención medica.
La gran cantidad de muertos en la población penal es de muertes por homicidio por herida de arma perfilo cortante o punzante dada la gran cantidad de conflictos interpersonales que se generan dentro de las prisiones.

DENUNCIA por TORTURA SISTEMATICA HASTA CAUSAR LA MUERTE
DE 57 PERSONAS
Enero 12/2010
CUBA

Denuncia por:
Tortura sistemática, dolor físico hasta causar la
muerte a 57 pacientes además de la violación
sistemática de los más elementales Derechos Humanos
como alimento, vestido, calzado, asistencia médica y
condiciones sanitarias adecuados al género humano al
resto de los pacientes que sobrevivieron al evento
meteorológico y a todos las personas dependientes del
Gobierno Cubano como los hospitalizados, presos,
soldados y estudiantes..

Acusados:
Primer secretario del Partido Comunista de Cuba
Comandante en Jefe Fidel Casto Ruz.
Presidente de la Republicad de Cuba General Raúl Castro
Ruz
Ministro de Salud Pública de la República de Cuba
Presidente y Miembros de la Comisión de Salud de la
Asamblea del Poder Popular
Jefe del Departamento de Salud Pública del Comité
Central del Partido Comunista de Cuba

Demandantes: En nombre de los 2500 pacientes del
Hospital Psiquiátrico Nacional llamado "Comandante
Bernabé Ordaz" que son sometidos a tratos crueles,
degradantes y que le producen dolor fisco, malestar y
frustración psicológica por las degradantes
condiciones que han padecido durante 50 años día a día
en el Sistema Nacional de Salud de la República de

Cuba, los prisioneros civiles y militares que en número cercano a los 300,000 en 587 establecimientos penitenciarios nacionalmente, así mismo estudiantes y soldados, ancianos en Centros de Asistencia y de los 57 pacientes llevados a la muertos a consecuencia de la Tortura Sistemática y la Negación de Auxilio por decenas de años de justificar toda esta indolencia con el Bloque de Estados Unidos.

Es responsable de estos crímenes la Presidencia de la República de Cuba y de las instancias políticas y administrativas que no prestan atención a los reclamos de las instituciones internacionales de Derechos Humanos por la Denuncia de sus Violaciones.

En instituciones como la conocida con el nombre de Hospital Psiquiátrico Nacional localizado en la Ave. de Independencia y Avenida del Palmar en de Boyeros de la provincia Ciudad de la Habana la cual durante decenas de años se ha incluido en múltiples reportes a Naciones Unidas y otras instituciones regionales sobre Derechos Humanos.

La población penal de mas de 300000 prisioneros en 587 establecimientos penitenciarios que se conoce su estado de tortura sistemática, desnutrición y ausencia de atención médica, así como mal trato y crueldad.

ANTECEDENTES:

Durante 50 anos el Hospital Psiquiátrico Nacional cito en la Ave. Independencia y Ave Palma en el Boyeros de la provincial Cuidad de La Habana, comenzando el ano 1959 hasta 2001 estuvo bajo la Dirección del Comandante Eduardo Bernabé Ordaz Ducungue quien cumpliendo instrucciones de Fidel Castro creo una fachada falsa sobre la excelente atención médica y psiquiátrica que este hospital dispensaba a miles de pacientes.

La realidad demostraba que con excepción a unas pocas salas destinadas a ser visitadas diariamente por los Tour a Delegaciones Oficiales del Consejo de Estado a través del Instituto de Amistad con los Pueblos o a los simples turistas comerciales , con el objetivo de dejar impresionados a los visitantes y la Prensa con una Orquesta que los músicos eran empleados y no pacientes; obras de Artes Gráficas traídas de la Escuela Nacional de Arte y con excepción pintadas por pacientes, organización, pulcritud exagerada y alimentación adecuada era parte de la imagen de exportación, además justificaba uno de los centros de poder con mas manifestaciones de privilegios, corrupción y arbitrariedad en la nación, sin embargo, el resto del Hospital no visible al visitante sufría de las peores calamidades, explotación de mano de obra, salas de torturas como la Sala Carbo Servia, la práctica diaria de la alimentación, aseo personal y descanso es la misma que reciben los animales en las granjas.

La comida servida por palas en el piso, una sola vez al día pastas como espaguetis o fideos hervidos con ocasionales huevos hervidos, el aseo se efectúa con mangueras a través de las rejas y la mayoría de los pacientes se mantienen desnudos o semidesnudos.

Las Salas del Hospital Psiquiátrico Nacional son construcciones edificadas en los años 1920-1930 con un puntal sumamente alto mas de 15 pies de alto para facilitar temperaturas aceptables sin equipos de ventilación, dotados para el paso de las Corrientes de aire de puertas ventanas altas y anchas las cuales con el tiempo se deterioraron su carpintería y muchas de ellas se perdieron casi absolutamente con los vientos de los huracanes y el tiempo de uso.

La poca importancia que el Gobierno presta a las necesidades de los ciudadanos también se reflejo en la ausencia de una reconstrucción de la carpintería de puertas y ventanas, en sustitución de las ventanas se clavaron rústicamente tablas de Madera de 6 pulgadas de ancho hasta la altura de una persona dispuestas horizontalmente con el propósito elemental de evitar la salida de los pacientes , sin embargo el viento y el agua podrían penetrar con facilidad.

Los Hechos.

A través de las investigaciones practicadas a nuestro

alcance tales como como testimonios recibidos de Cuba, email, fotos, informaciones de Prensa se pudo conocer que el numero ofrecido por el gobierno solo reflejo el total de cadáveres que trasladaron hacia el Instituto de Medicina Legal en Enero 10, 2010 como aparece en las fotos de Medicina Legal, otros pacientes en Estado Crítico fueron trasladados hacia otras instituciones hospitalarias cercanas donde algunos llegaron ya cadáveres, otros fallecieron horas o días después, este número alcanzo el numero de 57 fallecidos a consecuencia de la hipotermia en cuerpos mal nutridos.

El número oficial de Fuentes del Gobierno se ha mantenido estático en 26 pacientes.

Los hechos se desencadenaron en primer lugar por las bajas temperaturas que dieron lugar a que los enfermos comenzaran a gritar clamando por ropa y alimentos agrupándose en la puerta de las Salas y como es costumbre los empleados disuelven estos grupos con el uso de la manguera de agua a presión .

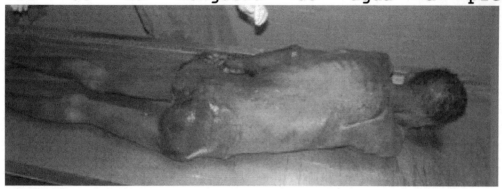

Una vez los cuerpos y la ropa que vestían fueron saturadas con agua fría les provoco la aceleración de los síntomas de hipotermia en cuerpos meyopragicos, añosos algunos de ellos y como sus cuerpos caquécticos denotan un bajo peso corporal a consecuencia de una pésima alimentación.

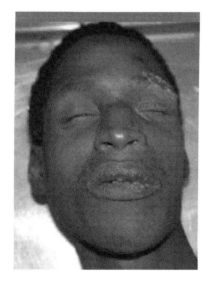

Se pudo conocer por testimonies que los pacientes reclamaban alimentos y colchas para resistir la temperatura cercana al grado de congelación, como es la norma en estos casos de demanda colectiva es considerada una indisciplina grave que es preciso detener a la fuerza por temor a perder el control de la misma,
El Ministerio de Salud Pública a la instancia que le corresponde no abastecen las múltiples necesidades de insumos para los pacientes.

La comunicación del personal de apoyo con los pacientes se efectúa usualmente con este tipo de señales como lanzar chorros de agua con mangueras de 1 1/4 de pulgada y un palo largo para golpear y con esto disuelven los grupos que se acercan a la puerta de acceso a gritar por las necesidades de alimentos, agua, ropa o alguna emergencia que se presente internamente como alguna agresión entre los pacientes, etc.

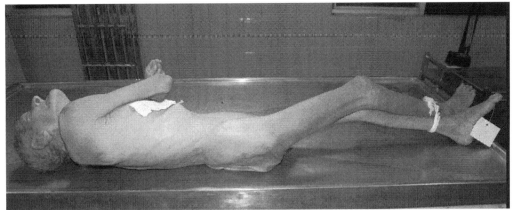

La práctica habitual de servir los alimentos una vez al dia consiste en depositar la comida en el piso lanzada con palas desde un vehículo sin medidas de higiene, lleno de un moho negro y resto de alimentos putrefactos de días anteriores en su piso y paredes.

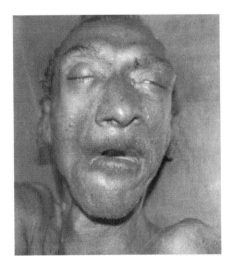

La noche en que fallecieron los 27 primeros pacientes en el Hospital Psiquiátrico Nacional que han sido reconocidos por las autoridades sanitarias nacionales, las temperaturas bajaron hasta 3,7 grados centígrados, porque esta región esta considerada históricamente como la mas fría de Cuba..

Datos de los valores de los parámetros meteorológicos del tomado de Weather.com para la Cuidad de la Habana en el mes de Enero de 2010

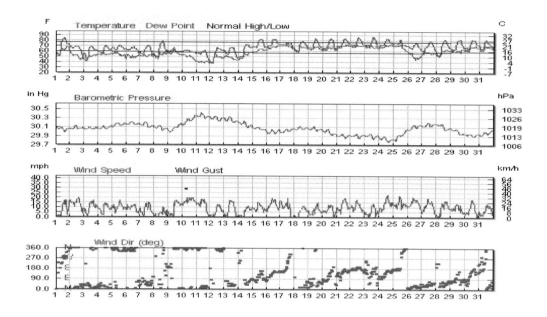

Según esta Tabla del comportamiento Meteorológico durante el mes de Enero del 2010 en Rancho Boyeros, los vientos soplaron en el área con una intensidad de hasta 25 millas por horas en dirección Sur, lo cual facilito la entrada por las ventanas pues la disposición de las Salas es de Este a Oeste y los edificios oponen al viento en las áreas que están los huecos de las ventanas sin las

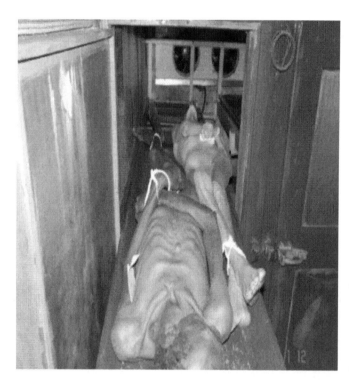

mismas, facilitando la corriente de aire frio dentro de los edificios, efectos combinados que agravaron el efecto de las bajas temperaturas sobre los pacientes.

Según testimonios de una enfermera profesional la señora Digna Diaz, que fue Jefa de Enfermera por muchos anos y vecinos de la Institución Hospitalaria consideran que esta institución psiquiátrica cuenta con una capacidad de 4250 camas repartidas en 37 Salas y otras instalaciones de albergue fuera del propio hospital, actualmente solo hay un aproximado de 2500 pacientes.

Dada la esencia anti humana de la dictadura totalitaria impuesta por 50 años contra la voluntad de la nación cubana se proyecta sobre la población una represión que incluye la limitación de bienes materiales esenciales como la alimentación, la vivienda, el calzado y todos los artículos necesarios para la vida que los dirigentes administrativos y políticos facilitan para su conveniencia personal en el disfrute de privilegios y poder.

El llamado desvío de recursos hace que las personas incapaces de buscar el sustento por si mismo como pacientes, estudiantes, presos, soldados, etc. son privados del mínimo esencial que se ha asignado para su supervivencia y los jefes manipulan cifras e informes para enviar estos abastecimientos al Mercado Negro para su lucro personal.

Un paciente en otro Hospital de la Cuidad de La Habana ejemplo de las condiciones higiénico-sanitarias de un hospital para cubanos.

Evidencias Medico Legales;

Por otra parte el Instituto de Medicina Legal, según nos informan desde Cuba, reportó como la causa de estas muertes fueron diagnosticadas como Causa de Muerte directa la Hipotermia, Causa Indirecta Desnutrición y la Causa Final Paro Cardio Respiratorio en pacientes meyopragicos, desnutridos y edentes.

En las fotos obtenidas en algunos cadáveres se puede observar que la sutura craneana es evidencia de que se les ha practicado la Necropsia Médico Legal para la extracción de la calote mesencefálico.

Algunos de las fotos obtenidas clandestinamente, presentan heridas incisas abiertas que fueron recientes antes de la muerte del paciente.

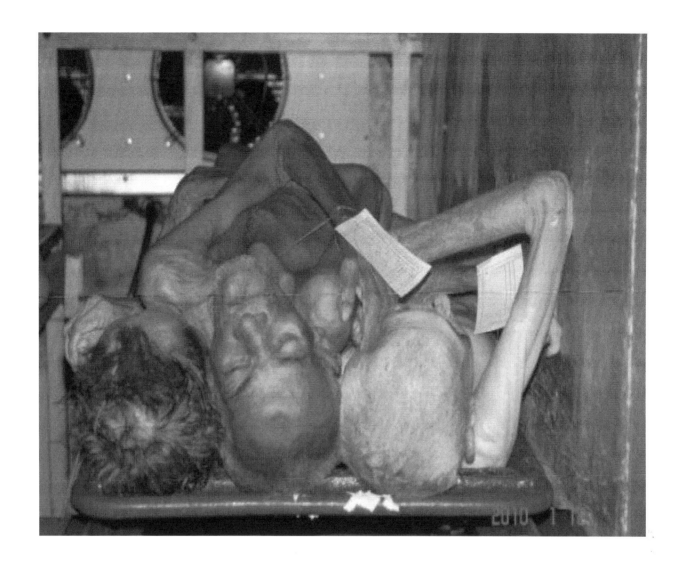

En este juego de fotos se presentan 7 cadáveres de los 56 que fallecieron a consecuencia de la práctica sistemática de la tortura del Gobierno Cubano, Los 7 presentas evidentes signos de desnutrición avanzada y de larga evolución.

Fundamentos Medico Científicos para Considerar un Caso de Tortura Sistemática hasta causar la Muerte por Hipotermia Crónica.

CONCLUSION:

Después de analizar cada una de las informaciones recibidas llegamos a la conclusión s que tanto los pacientes que murieron en numero de 57 en el Hospital Psiquiátrico Nacional como los que sobrevivieron a las bajas temperaturas del primeros días del mes de Enero del año 2010 en las instituciones para enfermos mentales crónicos, de ancianos, hospitales, la población penal, estudiantes y otros sufren de las mismas condiciones de alimentación, pésimas condiciones de vida y el Gobierno de la

República de Cuba sabe y sistemáticamente mantiene estas condiciones como medio de Tortura sistemática como castigo hasta producir la muerte.

Analizando las condiciones ambientales, eventos desencadenantes y las características morfológicas de los pacientes que sufrieron la hipotermia llegamos a la conclusión que :

Los Factores Condicionantes y Agravantes de la Hipotermia Crónica sufrida por estos pacientes fallecidos y de los demás en todo el país que sobrevivieron fueron:

- Tiempo de exposición. Durante los últimos 10 días las temperaturas fueron sumamente bajas , en especial para personas que se les niegue la posibilidad de tener alimentación adecuada, ropa y calzado para soportar las temperaturas durante tanto tiempo lo cual, determina que durante muchos días anteriores a Enero 10 de 2010 los fallecidos y sobrevivientes estuvieron expuestos a temperaturas que provocaban intenso dolor en sus cuerpos a consecuencia de las temperaturas predominantes en el área. Según la table de los valores meteorológicos consultada encontramos que las temperaturas promedio en los 12 primeros días del mes de enero del 2010 fueron 16 grados

Centígrados o 50 grados Fahrenheit con una mínima el dia 10 de Enero de 3,6 Grados o 36 grados Fahrenheit.

- Viento. El viento se mantuvo durante varios días y sabemos que ninguna Sala del Hospital tenía ventanas, ni ningún tipo de cobertura en ellas para mitigar la entrada de corrientes de aire frio dentro de las edificaciones y llego a los 37 Km/h (25 m/h), según la Tabla de Valores Meteorológicos consultada el viento se mantuvo con una velocidad promedio de 16 Kilómetros por hora o 10 Millas por hora. La intensidad del viento crea un efecto multiplicador del daño en el ser humano de hasta 16 veces, según las fuente médica consultada.

- Agua: El efecto del contacto directo de la piel con el agua fría acelero hasta 14 veces el efecto del frio (como sabemos las medidas disuasivas con el chorro de agua sobre los cuerpos)

- Agotamiento y deterioro psicofísico: Provocado por la desagradable y dolorosa sensación de frio en el cuerpo es causa directa de un intenso dolor profundo en extremidades y en la región cefálica (Cefalea intensa) y temblor muscular generalizado absolutamente incontrolable por el individuo que da la idea de una inminente explosión dentro del cráneo, así como el desmayo provocado por el déficit calórico sostenido del cuerpo y el apagamiento paulatino de los signos vitales hasta la muerte.

El autor de estas notas Eduardo R. Prida personalmente sufrio estas torturas de frio intenso y prolongado por tres días en el Departamento de Seguridad del Estado por las ordenes del Mayor Fidel Castro Castro en Febrero de 1990

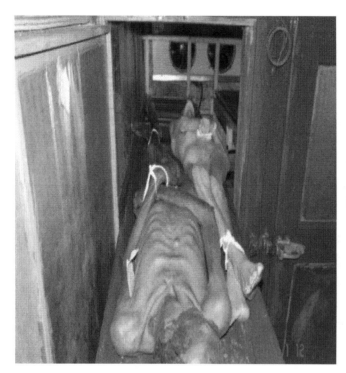

En los cuerpos se puede apreciar el intense efecto de la desnutrición y además la ausencia de higiene de las propias neveras de congelación del Instituto de Medicina Legal que dirige el abyecto y corrupto Dr. Jorge Gonzales alias el Popito.

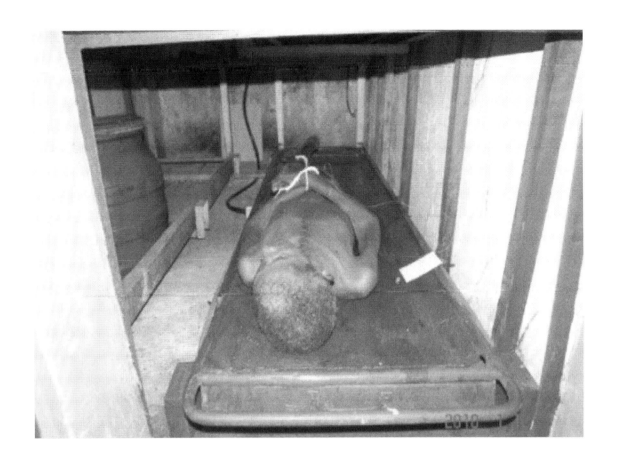

En todos los cadáveres se presenta la desnutrición que recuerda las escenas de los campos de concentración de Alemania y la URSS, ahora con negros en la Cuba de Castro imágenes semejantes a esta presentan los 300,000 presos en 567 cárceles y prisiones en toda la Isla de Cuba.

Otro periodista independiente, Roberto de Jesús Guerra, www.cihpress.com , desde hace más de dos años ha estado denunciando la falta de atención a los pacientes y la corrupción de carácter histórica y permanente en el Hospital Psiquiátrico Nacional así como la represión y la tortura sistemática con chorros de agua(Ene.27/2010)

Testimonio Importante sobre la cantidad de fallecidos en el Mes de Enero del 2010;

Un testigo de Juan D. Alonso ex Oficial del DSE que deserto en 1989, residente en Miami, sostiene que una de sus Fuentes en Cuba le comunico desde la Isla que el Libro de Control de Estadísticas del Hospital Psiquiátrico Nacional en el Mes de Enero del 2010 aparecen 59 pacientes inscriptos como defunciones de ellos dos "desaparecidos", ambos desde días antes de los hechos aquí denunciados y un total de 57 pacientes fallecidos, 26 de ellos en el Hospital Psiquiátrico Nacional y el resto en otros Hospitales de la provincia, hacia donde habían sido trasladados en estado crítico de salud.

De los 2 pacientes "desaparecidos" que se escaparon del Hospital buscando refugio contra el frio y el hambre fue localizado en esos días de alarma interna el cadáver de una paciente en avanzado estado de putrefacción en las líneas del ferrocarril próximas a esta instalación sanitaria, suponiéndose que había fallecido entre cinco y siete dias antes de acuerdo con el Informe Médico Legal.

El cadáver fue identificado como uno de los pacientes desaparecidos del otro paciente clasificado como "desaparecido" aún no se tenían noticias.

Las hordas castristas han concebido este tipo de vida par alas instituciones de reclusión com son los hospitales, escuelas, prisiones y casas de ansíanos.

Estos abusos y violaciones han sido denunciadas directamente por la población y han sido divulgados sistemáticamente por el Centro de Derechos Humanos presidido por el Arq. Jesus Permuy y colaboradores así como otras organizaciones de profesionales como el Colegio de Médicos Cubanos en el Exilio en la voz de su Presidente el Dr. Enrique Huerta, el Miami Medical Team en la Voz de su Presidente el Dr. Manuel Alzugaray radicado en la Miami, Fl. a través de medios de prensa y la Comisión de Derechos Humanos de Naciones Unidas en Suiza durante muchos años consecutivos sin que se los países hayan tomado las medidas lo suficientemente severas para detener este tipo tan horrendo de Violación a los Acuerdos Internacionales sobre Derechos Humanos que Cuba hipócritamente es signataria y está obligado a cumplir y además se auto proclama campeona de los Derechos Humanos.

El Centro de Derechos Humanos y otras organizaciones políticas y profesionales han dedicado durante muchos años cientos de horas de programación para divulgar hechos y argumentos contundentes sobre violaciones y el uso sistemático de la Tortura, la divulgación ha sido a través de emisoras locales e internacionales como Radio Miami Internacional, Radio Ritmo, Radio Marti y Radio Mambi y Radio y Televisión Marti denunciando en los últimos 20 años en centeneras de ocasiones la Violación de los Derechos Humanos de los pacientes psiquiátricos en la Isla a través de un maltrato sistemático, uso de la tortura como castigo, el uso de electroshock u otros medios convulsivantes para infligir dolor físico y deterioro de la personalidad a consecuencia del daño provocado por las torturas a detenidos en proceso de instrucción de causas en la Sala de Procesados Carbo Servía, se han documentado cientos de casos, así como otras violaciones sistemáticas de los Derechos Humanos como Sanciones arbitrarias a prisión perpetua por el Director del Hospital Bernabe Ordaz, la explotación sistemática e institucionalizada de la fuerza de trabajo de los pacientes en trabajos rudos y crueles aprovechándose de la incapacidad de tomar decisiones de los pacientes, otras formas de trato degradantes es utilizarlos con fines de propaganda política a personas con un probado déficit de discernimiento y uso de sus facultades mentales que son inconscientes de lo que le orden hacer o decir, por otra parte dentro y fuera del recinto hospitalario, durante años ha existido la práctica de adjudicar los pacientes psiquiátricos como mano de obra esclava a dirigentes y familiares del Director, incluyendo esclavitud sexual.

El Hospital Psiquiátrico Nacional es un ejemplo exacto de la corrupción, la indolencia del sistema totalitario impuesto en la Isla y se proyecta en toda su magnitud la incapacidad real del sistema de resolver los problemas normales que toda nación civilizada enfrenta como son proporcionar una adecuada forma de vida y protección social a un 10-15% de la población con determinado déficit mental o físico para su independencia.

Voces autorizadas profesional y moralmente como el Dr. Darsi Ferrer en reiteradas ocasiones desde la Cuba ha denunciado el maltrato sistemático a sometidos los pacientes en todos los niveles e instituciones del sistema de Salud Pública de Cuba..

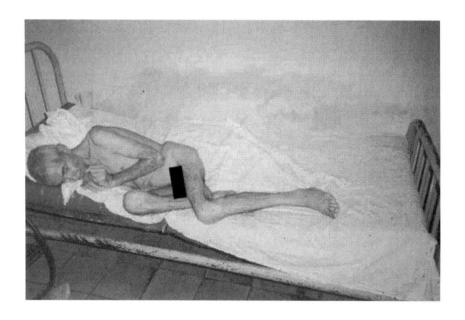

Como se puede apreciar en la foto un Oficial del
Departamento de Seguridad del Estado supervisando las
funciones de los empleados civiles de la institución,
observes la fecha de la foto. Cientos de ellos han sido
despachados para el Hospital Psiquiátrico para dar una
imagen de Actividad Enemiga y de la preocupación del
Presidente Raul Castro por los acontecimientos como si
este fenómeno fuera un hecho aislado, el frio les vino
a descubrir lo que sistemáticamente están hacienda
desde hace 50 años a los pacientes, presos, soldados
y estudiantes. De este mismo Hospital la Seguridad del
Estado envió hacia Estados Unidos e inoculo el HIV o
SIDA a miles de pacientes psiquiátricos en Mayo de
1980, ahora hipócritamente quieren montar una escena
de protección.

Como se aprecia en la Foto los Oficiales de Seguridad
del Estado tienen abrigo con telas impermeable, en esta
simple imagen cabe preguntarse por que los que pregonan
el igualitarismo entre los hombres siempre son los
diferentes en gozar en privilegios y poder.

Después de reconocidas solo las primeras 26 muertes por tortura sistemática ha sido establecido un férreo control, alrededor e interno, del Hospital Psiquiátrico Nacional y sus empleados, pudiéramos decir que la situación ha sido tomada militarmente por la Seguridad del Estado, para evitar que la magnitud del terrible deterioro del sistema no se conozca en su totalidad. Durante su visita el Presidente Raul Castro dejo instrucciones de reportar al Consejo de Estado cada dos horas el Parte del Hospital vía telefónica como muestra de su preocupación constante por los pacientes psiquiátricos, además envio una gran cantidad de vestimenta militar de las antiguas tropas de ocupación sin las Instituciones donde los individuos estan en total y absoluta dependencia por su condcion de Recluidos en Instituciones Cerradas.

Conclusiones Acusatorias sobre la Violación de Derechos Humanos y el Uso Sistemático de la Tortura hasta la Muerte

Concepto de Tortura, según Naciones Unidas

Fundamentando el concepto de Tortura de Naciones Unidas encontramos que, "El concepto de tortura comprende cualquier acto infligido por medio del cual alguien puede padecer de dolor físico o sufrimiento, ya sea físico o mental, o algún acción u omisión que al ser dirigido o expuesta contra una persona con el objeto de obtener información o hacerla confesar sobre delitos cometidos por el o por personas allegadas. También es Tortura cuando se castiga con dolor físico, conductas aberrantes y negación de auxilio, agua o comida como un castigo como consecuencia de algún acto cometido o sospechoso de ser el comisor, ya sea por el mismo o por tercera persona en relación afectiva o emocional con la misma, la persona sienta dolor, malestar o sufrimiento.

La tortura también comprende a la intimidación sobre él o a tercera persona por cualquier razón o en la discriminación de cualquier tipo, cuando esta persona sufre de dolor o sufrimiento infligido por o por instigación de o con el consentimiento y autorización de un oficial del servicio público o otra persona actuando en su capacidad". (Ref ¡)

- Se trata de una Violación de los Derechos Humanos ya que el Concepto Tipificado de Tortura de la Comisión de Derechos Humanos de la ONU se cumple para este caso en todas sus partes y ha quedado demostrado que se trata de una negación de alimentacion adecuada, exposición a un efecto climático o meteorológico que produce dolor físico hasta alcanzar la muerte, además se ha podido conocer que durante muchos años estos recluidos han estado sometidos una falta de alimentación, vestidos, nunca protegidos de las inclemencias del estado meteorológico sabiendo sus edades y estado hipocalórico crónico llegamos a la evidente y clara conclusión sufrieron y sufrieron y otros también sufren el dolor constante del frio.
- Se trata además de un falta de atención Medica y de las condiciones higiénico Sanitarios, Alimentación y Otros Insumos Básicos en las Instituciones donde los individuos están en total y absoluta dependencia por su condición de Recluidos en Instituciones Cerradas.
- Se trata además de una falta de concepto de humanidad ya que la manipulación y el lenguaje con los pacientes es básicamente con el manejo del estímulo del agua por chorro, como se trataría a fieras en un zoológico enrejados y con la ausencia total del lenguaje afectivo y emocional típico de la relación médico paciente que se esperaría en estos casos.
- El manejo de los pacientes utilizando los chorros de agua como señales de comunicación durante el

frio fue sencillamente letal y es aberrante pensar que el personal médico, enfermeros y técnicos de Salud Mental desconocieran su efecto mortal en personas meyopragicas y caquécticos como la muestra de fotos indican claramente.

- Esta ausencia de responsabilidad del Jefe del Gobierno y un reflejo de la esencia anti humana tomando la forma y contenido de Tortura Sistemática que causa dolores intensos y queda demostrado ser la Causa de Muerte de 57 pacientes como hecho consumado y que la responsabilidad no está en los trabajadores, ni en el Director de la Institución que no genera bienes , ni recursos económicos para el adecuado mantenimiento de las estructuras inmobiliarias.

- Sobre otros Instituciones de personas recluidas se desconoce el comportamiento y efectos del frio y la desnutrición para lo quienes solicitamos una Urgente Visita de Inspección de una Comisión de Derechos Humanos que sin una Agenda Pre Establecida por el Régimen pueda conocer en cuales condiciones permanecen los recluidos.

- Esta falta de atención del Jefe del Gobierno ha traído como consecuencia una Tortura Sistemática que causa dolor es intensos y ha demostrado que la muerte de 57 pacientes es un hecho consumado, comprobado y que la responsabilidad no está en los trabajadores, ni en el Director de la Institución que no genera bienes, ni recursos económicos para el adecuado mantenimiento de las estructuras inmobiliarias. Instituciones desconociéndose el comportamiento y efectos del frio y la desnutrición en otras instituciones estatales como Escuelas, Centros de Ancianos, Trastornos Mentales y Físicos Crónicos, asi como las Prisiones.

Se da a conocer en la ciudad de West Palm Beach, Estado de la Florida a los 15 días del mes de Marzo de 2010.

El abajo firmante, Jura que las pruebas y argumentos son ciertos y para que así conste lo firmo en la Cuidad de West Palm Beach:
  Ed Prida

Referencias:

Patología por acción del frío: Hipotermia y congelaciones

3. PATOLOGIA GENERALIZADA POR ACCION DEL FRIO: HIPOTERMIA ACCIDENTAL

3.1. CONCEPTO

Cuando la temperatura central del cuerpo humano (rectal, esofágica o timpánica) desciende por debajo de los 35°C, se produce una situación en la que el organismo no es capaz de generar el calor necesario para garantizar el mantenimiento adecuado de las funciones fisiológicas. Esta situación se define como hipotermia (14). Hablamos de hipotermia accidental cuando el descenso de la temperatura ocurre de forma espontánea, no intencionada, generalmente cn ambiente frío, asociado a un problema agudo, y sin lesión previa del hipotálamo, zona anatómica donde se sitúa el termostato(14, 21).

3.2. CLASIFICACION

3.2.1. Según el tiempo de exposición

- Aguda: La exposición al frío es tan grande y repentina que la resistencia del cuerpo al frío es sobrepasada a pesar de que la producción del calor sea o esté casi al máximo. La hipotermia ocurre antes de que se produzca el agotamiento.

- Subaguda: Un factor crítico es el agotamiento y la depleción de las reservas energéticas del organismo. Normalmente la exposición al frío se combate por medio de la vasoconstricción periférica y del incremento de la producción de calor. La temperatura corporal normal se mantiene hasta que sobreviene el agotamiento, pero a continuación la temperatura corporal comienza a caer . Es el tipo de hipotermia típico de senderistas y montañeros.

- Crónica: Se produce cuando hay una exposición prolongada a un grado ligero de agresión por frío y una respuesta termorreguladora insuficiente para contrarrestar el frío. La temperatura corporal caerá en días o en semanas. Esta forma de hipotermia puede verse con frecuencia en ancianos.

3.2.2. Según la temperatura central

- Hipotermia leve: Temperatura central entre 32°C y 35°C.

- Hipotermia grave: Temperatura central por debajo de 32°C.

La utilidad de esta clasificación viene marcada porque a temperaturas superiores a los 32°C, las manifestaciones clínicas de los pacientes se ajustan a los mecanismos termorreguladores fisiológicos para retener y generar calor: temblor, vasoconstricción cutánea, disminución de la perfusión periférica, aumento del flujo sanguíneo central, aumento de la diuresis (diuresis por frío), aumento de la frecuencia cardiaca, de la frecuencia respiratoria, del gasto cardiaco y de la tensión arterial (35). Sin embargo, por debajo de los 30-32°C es cuando la actividad enzimática se enlentece y disminuye la capacidad para generar calor (36) , es decir, ya no están presentes los escalofríos y temblores, y se producen toda una serie de hallazgos clínicos que posteriormente describiremos.

3.3. ETIOLOGIA

El frío es el agente etiológico indiscutible y fundamental en las patologías por acción del frío, si bien, su acción patógena depende (10):

- De la intensidad del frío

- Del tiempo de exposición

- De las condiciones ambientales como:

- Viento (se considera que multiplica la acción del frío por diez)

- Humedad (se considera que multiplica la acción del frío por 14. La pérdida de calor por contacto directo con agua fría es aproximadamente 32 veces mayor que la del aire seco)

- Hipoxia y poli globulina de la altura (se considera que existe un descenso térmico aproximado de 0,5-0,6°C por cada 100 metros de elevación).

- De determinados hábitos personales, morfológicos y étnicos

- Del agotamiento y deterioro psicofísico

- De los errores humanos

Aunque la exposición al frío es la causa fundamental de la hipotermia accidental, no es una patología restringida a las frías temperaturas (37, 38, 39), y la forma de presentación leve no es infrecuente. Goldman et al encontraron (40), en una revisión sobre pacientes mayores de 65 años ingresados en un hospital londinense durante el invierno de 1975, que el 3,6% de todos los ingresados tenían una temperatura inferior a los 35°C. Durante el invierno, las personas que duermen en las calles de las grandes ciudades, los ancianos que habitan en viviendas frías y los alcohólicos que duermen o entran en coma en lugares fríos están expuestos a padecer una hipotermia accidental (14). Los accidentes de montaña, en áreas relativamente cálidas por falta de prevención o por inmovilización debido a las lesiones sufridas (11), son una de las causas más importantes junto a las inmersiones en aguas frías o los naufragios marinos (6, 41). Además de las causas más frecuentes de la hipotermia que acabamos de exponer, en la Tabla 1 se resumen toda una serie de condiciones predisponentes o asociadas que la pueden favorecer.

3.4. FISIOPATOLOGIA

Los conocimientos actuales sobre la fisiopatología de la hipotermia son suficientes para comprender la mayoría de los hallazgos clínicos. A temperaturas superiores a los 32°C, las manifestaciones clínicas de los pacientes se ajustan a los mecanismos termorreguladores fisiológicos para retener y generar calor: temblor, vasoconstricción cutánea, disminución de la perfusión periférica, aumento del flujo sanguíneo cerebral, aumento de la diuresis (diuresis por frío), aumento de la frecuencia cardiaca, de la frecuencia respiratoria, del gasto cardiaco y de la tensión arterial (35). Por debajo de los 30°C-32°C es cuando la actividad enzimática se enlentece, disminuye la capacidad para generar calor (36) y se produce una serie de alteraciones y hallazgos clínicos que se exponen a continuación y se resumen en la Tabla 2.

3.4.1. Alteraciones neurológicas

La hipotermia disminuye progresivamente el nivel de consciencia, llevando a los pacientes hasta el coma profundo, y el consumo de oxígeno tanto por el cerebro como por la médula espinal (14). Esta disminución del consumo de oxígeno por el SNC, hace que la hipotermia tenga un efecto preventivo sobre la hipoxia cerebral y medular, permitiendo recuperaciones neurológicas completas después de inmersiones en aguas heladas por encima de los 30 minutos y de traumatismos craneoencefálicos y medulares graves(11, 42). La amplitud del electrocardiograma (ECG) comienza a disminuir a partir de los 32ºC, llegando a ser plano en torno a los 18ºC. A partir de los 28ºC el coma suele estar siempre presente. Progresivamente a la disminución de la temperatura corporal central, se enlentece la velocidad de conducción del sistema nervioso periférico, los reflejos osteotendinosos, los cutaneoplantares y las respuestas pupilares.

3.4.2. Alteraciones cardiovasculares

Si bien al inicio de la hipotermia se produce una reacción del sistema cardiovascular por aumento de las catecolaminas circulantes, posteriormente existe una disminución progresiva de la tensión arterial (no se consiguen medir sus valores por debajo de los 27ºC), del gasto cardiaco y de la frecuencia cardiaca.

El gasto cardiaco disminuye como consecuencia de la bradicardia y de la hipovolemia, resultado de la reducción del volumen plasmático y de la hiperhidratación intracelular. En las hipotermia profundas, el índice cardiaco generalmente está reducido a valores por debajo de 1-1,5 l/min/m2.

Los cambios del ritmo cardiaco están ampliamente documentados bradicardia sinusal, fibrilación o flutter auricular, ritmo idioventricular, fibrilación ventricular (especialmente a partir de los 28ºC) y asistolia. La arritmia cardiaca más frecuente de encontrar es la fibrilación auricular. Electrocardiográficamente da lugar a la aparición de la onda J o de Osborn (48) (a partir de temperaturas inferiores a los 31ºC), alteraciones del segmento ST y alargamiento del espacio QT

3.4.3. Alteraciones pulmonares

La bradipnea por depresión del centro respiratorio no supone generalmente un grave problema hasta que se alcanzan temperaturas centrales muy bajas. El intercambio alveolocapilar y las respuestas respiratorias a la hipoxemia y a la acidosis están reducidas, pero sin gran transcendencia clínica. Aunque la frecuencia respiratoria y el volumen corriente están disminuidos, estos suelen ser suficientes para mantener los requerimientos de oxígeno y la eliminación del anhídrido carbónico, puesto que la hipotermia reduce el consumo de O2 al 50% aproximadamente cuando la temperatura central llega a los 31°C. Es importante tener en cuenta que, teóricamente, por cada 1°C de temperatura inferior a los 37 °C, el pH se incrementa 0,0147, la PaO2 disminuye un 7,2% y la PaCO2 4,4% (21) y los valores de PaO2 y PaCO2 obtenidos por los analizadores clínicos a temperaturas de 37°C-38°C deben ser corregidos. La PaO2 suele estar baja por la hipoventilación alveolar y la alteración de la ventilación perfusión, aunque no existen evidencias de que tenga repercusión clínica

Nosotros hemos llegado a encontrar valores de PaO2 , una vez corregidos, de 25 mm Hg. Sin embargo, este equilibrio puede verse seriamente alterado cuando aumentan los requerimientos metabólicos durante el recalentamiento, especialmente si este se hace demasiado rápido. Es entonces cuando deben administrase mayores cantidades e oxígeno.

La PaCO2 durante la hipotermia puede tener mayor dispersión de valores, ya que la disminución del metabolismo basal tiende a reducirla, y la hipoventilación alveolar junto al aumento de solubilidad del CO2 a aumentarla). Sin embargo, la ventilación mecánica en los pacientes hipotérmicos puede llevar rápidamente a cifras importantes de hipocapnia, debiéndose monitorizar sus cifras en este tipo de pacientes.

El resultado final de la curva de disociación de la hemoglobina en el paciente hipotérmico apenas se modifica, ya que la hipotermia desvía la curva de disociación de la hemoglobina hacia la izquierda, con la consiguiente disminución de la liberación de oxígeno, y la acidosis metabólica hacia la derecha.

Además, la disminución el nivel de la consciencia, la reducción de la capacidad vital, la depresión del reflejo tusígeno, la deshidratación y sequedad de las mucosas, la disminución de la actividad mucociliar y la hipersecreción de la mucosa como respuesta inicial del árbol traqueobronquial al frío, lleva a una alta prevalencia de anormalidades ventilatorias (atelectasias) y de infecciones pulmonares, especialmente durante el recalentamiento y después del mismo . Se han descrito también edema pulmonar no cardiogénico.

3.4.4. Alteraciones en el equilibrio ácido-base

La evaluación de los gases arteriales en la hipotermia es un tema de debate prolongado y conocido. Ya hemos comentado que, teóricamente, por cada 1°C de temperatura inferior a los 37 °C, el pH se incrementa 0,0147, la PaO2 disminuye un 7,2% y la PaCO2 4,4% (21). La mayoría de los analizadores aportan valores de pH, PaO2 y PaCO2 a lectura realizada a la temperatura normal del organismo (37°C-38°C), pudiendo da lugar a equívocos y errores si no se hace la corrección necesaria. Nosotros utilizamos, para la corrección de la PaO2 y la PaCO2 el normograma de Severinghaus para y, para el pH la ecuación de Rosenthal.

pH real = pH a 38°C + 0,0147 (38-temperatura del paciente en (°C))

De esta manera se observan valores del pH ligeramente superiores y una PaO2 y PaCO2 sensiblemente inferiores, pudiendo llegar la PaO2 a valores entre 25-30 mm Hg.

3.4.5. Alteraciones metabólicas y endocrinas

De igual forma que el consumo de oxígeno disminuye gradualmente con la disminución de la temperatura corporal central, también aparece un enlentecimiento enzimático generalizado. Es frecuente encontrar hiperglucemia en los paciente hipotérmicos, debida a la disminución de la liberación de insulina pancreática, al bloqueo de su acción periférica y al aumento de la gluconeogénesis por acción de los mecanismos termorreguladores. Como resultado de la disminución de la secreción hipotalámica, y en consecuencia hipofisiaria, existe una disminución de la adrenocorticótropa (ACTH), de la tirotropina (TSH), de la vasopresina y de la oxitocina.

A medida que progresa la hipotermia el sodio tiende a disminuir y el potasio a aumentar, supuestamente debido a la disminución de la actividad enzimática de la bomba sodio-potasio de la membrana celular.

El potasio aumenta aún más durante el recalentamiento, secundario al intercambio iónico K+/H+ provocado por la acidosis metabólica en desarrollo en la periferia insuficientemente perfundida. Es importante tener en cuenta que las concentraciones corporales totales de Na+ y K+ pueden estar cerca de la normalidad y que puede ser necesaria la determinación frecuente de los niveles de electrolitos durante el recalentamiento. El edema observado en la hipotermia es secundario al agua intravascular que sigue al sodio fuera del espacio intravascular (58).

3.4.6. Alteraciones renales

La hipotermia suele acompañarse de un grado generalmente leve de insuficiencia renal, con ligeros aumentos de la cifra de urea y creatinina que generalmente se resuelve sin secuelas (52), aunque en algún caso puede producirse una necrosis tubular aguda (57). Sin embargo, la exposición al frío produce inicialmente un aumento de la diuresis (diuresis por frío), incluso antes de la disminución de la temperatura central, debida fundamentalmente a la vasoconstricción cutánea con el consiguiente desplazamiento de la afluencia de sangre hacia los territorios centrales y a la insensibilidad de los túbulos a la hormona antidiurética.

3.4.7. Alteraciones hematológicas

Teóricamente estos pacientes suelen tener una hemoglobina y un hematocrito alto al estar hemo concentrados por efecto de la "diuresis por frío" y la contracción esplénica, aunque en los pacientes traumatizados por accidente de montaña se puede encontrar normal o bajo o que desciende progresivamente en las primeras horas de evolución debido a las pérdidas sanguíneas por las lesiones traumáticas asociadas (11). También se ha observado leucopenia con granulocitopenia y trombocitopenia en las hipotermias graves, secundariamente a un secuestro esplénico y hepático y por la acción directa del frío sobre la médula ósea. No existe una relación clara entre coagulación intravascular diseminada (CID) e hipotermia. Las alteraciones hemostáticas como la trombosis venosa y la CID que presentan algunos pacientes hipotérmicos tienen que ver más con las causas comunes a todo paciente crítico (hipoperfusión periférica prolongada) que con un efecto específico de la hipotermia. La CID también puede ser responsable de la instauración progresiva de trombocitopenia (60).

3.4.8. Alteraciones gastrointestinales

La elevación de las cifras séricas de amilasas o el hallazgo en los estudios necrópsicos de pacientes hipotérmicos de pancreatitis edematosa o necro hemorrágica se observa con cierta frecuencia. La relación entre pancreatitis e hipotermia no está todavía resuelta, aunque se le ha implicado con la isquemia secundaria al shock, con la ingesta previa y abusiva de alcohol o con la existencia de litiasis biliar. Otras alteraciones gastrointestinales que podemos encontrar en la hipotermia son: íleo paralítico, múltiples erosiones puntiformes de escasa cuantía hemorrágica (úlceras de Wischnevsky) en estómago, íleon y colon, probablemente relacionadas con la liberación de aminas vasoactivas como histamina y serotonina, y una reducción de la capacidad del hígado para conjugar y depurar diversos sustratos, debido a la disminución de los flujos sanguíneo esplénico y hepático (<u>62</u>).

3.4.9. Alteraciones de la inmunidad

La infección es la mayor causa de muerte tardía en los pacientes hipotérmicos. Este incremento de la susceptibilidad a la infección no está tampoco muy aclarado, aunque probablemente sea multifactorial. Entre estos potenciales factores destacan (<u>34</u>): las bacteriemias intestinales consecutivas a la isquemia e hipoperfusión intestinal; a la disminución del nivel de consciencia y de los reflejos tusígenos como causas de neumonía aspirativa; a la disminución del volumen corriente respiratorio y a anormalidades ventilatorias (atelectasias) que favorecen las posibles sobreinfecciones respiratorias; a la granulocitopenia consecutiva al efecto del frío y a la disminución de la migración de los leucocitos polimorfonucleares, de la vida media de estos y de la fagocitosis. En definitiva, los pacientes hipotérmicos son más susceptibles a las infecciones bacterianas y presentan además, una disminución de las defensas inmunológicas.

3.4.10. Alteraciones en el aclaramiento de los fármacos

Las complejas interacciones entre la reducción del gasto cardiaco, la deshidratación, la reducida capacidad del hígado para conjugar y depurar, el descenso del filtrado glomerular, las alteraciones de la filtración-reabsorción en los túbulos renales y la alteración de la constante de disociación (pK) "protein-drug" (fracción unida a las proteínas), puede alterar dramáticamente el volumen de distribución y el aclaramiento de los fármacos más comunes, hecho de importante transcendencia en el tratamiento farmacológico de estos pacientes.

3.5. DIAGNOSTICO

El diagnóstico de hipotermia es muy sugerente cuando existe una historia de exposición al frío o inmersión, se acompaña de algunos de los factores predisponentes descritos en la Tabla 1 y se está en presencia de algunas de las anormalidades descritas en la Tabla 2. No obstante, dado que muchos de estos pacientes son encontrados en coma o con unos niveles disminuidos de la consciencia, es muy útil en la anamnesis interrogar a las personas que le acompañan o que han intervenido en el traslado. Esta información junto a una exhaustiva exploración clínica nos será muy útil para establecer el diagnóstico etiológico y las posibles complicaciones.

Ante la mínima sospecha clínica, al tratarse de una situación urgente, lo primero que deberá hacerse es confirmar el diagnóstico procediendo a medir la temperatura central corporal, preferentemente esofágica o epitimpánica. Estas dos temperaturas son las más fiables, ya que se modifican al mismo tiempo que la de los territorios corporales más profundos. Se ha demostrado que los valores de la temperatura epitimpánica son idénticos a los medidos en el esófago, si los aparatos de medida son utilizados correctamente, no hay hielo, nieve o cuerpos extraños en el conducto auditivo externo y existe actividad circulatoria. Solamente transcurridas unas dos horas después de producirse una parada cardiaca, los valores difieren, dando más bajos en el tímpano que en el esófago. Para asegurar una medida de la temperatura central lo más exacta posible, la medida esofágica es la ideal. Para realizar el diagnóstico en el medio extrahospitalario, sobre el lugar del accidente, la medición epitimpánica es mucho más práctica.

La presentación clínica de la hipotermia depende de la intensidad, duración y de los signos y síntomas de las posibles patologías asociadas. Estos factores influyen también en el pronóstico. Cuando la hipotermia se presenta aisladamente la mortalidad es del 6-10%, sin embargo, cuando se presenta asociada a otras patologías puede alcanzar una mortalidad del 75%.

A temperaturas superiores a los 32°C las manifestaciones clínicas más frecuentes son las que dependen de los mecanismos termorreguladores para retener y generar calor: temblor, vasoconstricción cutánea, disminución de la perfusión periférica, aumento del flujo sanguíneo cerebral, aumento de la diuresis (diuresis por frío), aumento de la frecuencia cardiaca, de la frecuencia respiratoria, del gasto cardiaco y de la tensión arterial (<u>35</u>).

Por debajo de los 30ºC-32ºC es cuando la actividad enzimática se enlentece y disminuye la capacidad para generar calor (<u>36</u>): la tensión arterial, la frecuencia cardiaca y la frecuencia respiratoria disminuyen (el pulso y la tensión arterial llegan a ser imperceptible a temperaturas por debajo de los 25ºC-28ºC), los músculos se vuelven rígidos, el temblor desaparece, los reflejos osteotendinosos están ausentes y las pupilas comienzan a dilatarse. En definitiva, se produce una situación donde la distinción entre una parada cardiaca hipotérmica y la debida a otra causa puede llegar a ser imposible. Por ello, para Mac Lean y Emslie (<u>65</u>): "No hay muerte , si esta caliente ".

Fundamentos Medico Cientificos para Considerar como un Caso de Tortura Sistematica (hipotermia Cronica) hasta causar la Muerte

CONCLUSION:

Después de analizar cada una de las informaciones recibidas llegamos a la conclusión que tanto los pacientes que murieron en numero de 57 en el Hospital Psiquiátrico Nacional como los que sobrevivieron a las bajas temperaturas del primeros días del mes de Enero del año 2010 en la República de Cuba en las instituciones para enfermos mentales crónicos, de ancianos, hospitales, la población penal, estudiantes y otros sufren de las mismas condiciones de alimentación muy deficiente, pésimas condiciones de vida y el Gobierno de la República de Cuba sabe y sistemáticamente utiliza estas condiciones como medio de Tortura Sistemática como Castigo hasta producir la muerte:
Los Factores Condicionantes y Agravantes de la Hipotermia Crónica sufrida por estos pacientes fallecidos y de los sobrevivieron fueron:

- Tiempo de exposición. Durante los últimos 10 días las temperaturas fueron sumamente bajas , en especial para personas que se les niegue la posibilidad de tener alimentación adecuada, ropa y calzado para soportar las temperaturas durante tanto tiempo lo cual, determina que durante muchos días anteriores a Enero 10 de 2010 los fallecidos y sobrevivientes estuvieron expuestos a temperaturas que provocaban intenso dolor en sus cuerpos a consecuencia de las temperaturas predominantes en el área. Según la table de los valores meteorológicos consultada encontramos que las temperaturas promedio en los 12 primeros días del mes de Enero del 2010 y anteriores fueron 16 grados Centígrados o 50 grados Faranheit con una mínima el dia 10 de Enero de 3,6 Grados o 36 grados Faranheit.

- Viento El viento se mantuvo durante varios dias y sabemos que ninguna Sala del Hospital tenia ventanas, ni ningún tipo de cobertura en ellas para mitigar la entrada de corrientes de aire frio dentro de las edificaciones y llego a los 37 Km/h (25 m/h), según la Tabla de Valores Meteorológicos consultada el viento se mantuvo con una velocidad promedio de 16 Kilómetros por hora o 10Millas por hora. La intensidad del viento crea un efecto multiplicador del daño en el ser humano de hasta 16 veces, según las fuente médica consultada.

- Agua: El efecto del contacto directo de la piel con el agua fría acelero hasta 14 veces el efecto del frio (como sabemos las medidas disuasivas con el chorro de agua sobre los cuerpos)

- Agotamiento y deterioro psicofísico: Provocado por la desagradable y dolorosa sensación de frio en el cuerpo es causa directa de un intenso dolor profundo en extremidades y en la región cefálica

(Cefalea Intensa) y temblor muscular generalizado absolutamente incontrolable por el individuo que da la idea de una inminente explosión dentro del cráneo, así como el desmayo provocado por el déficit calórico sostenido del cuerpo y el apagamiento paulatino sistemático de los signos vitales hasta la muerte.

*El autor del Reporte Eduardo R. Prida sufrió torturas de frio intenso y prolongado por tres días en el Departamento de Seguridad del Estado por las órdenes del Mayor Fidel Castro Castro en Febrero de 1990 durante el proceso de Instrucción por la Causa 33/90 por Llamado a la Rebelión y Planificación de Atentado contra el Jefe del Gobierno

Este Centro de Derechos Humanos ha llegado formular una Denuncia por Violacion de los Derechos Humanos

Analizando las condiciones ambientales, eventos desencadenantes y las características morfológicas de los pacientes que sufrieron la hipotermia llegamos a la conclusión que :

- Tiempo de exposición. Durante los últimos 10 días las temperaturas fueron sumamente bajas, lo cual apunta que durante muchos días anteriores a Enero 10 de 2010 los fallecidos estuvieron recibiendo temperaturas que provocaban intense dolor en sus cuerpos a consecuencia de las temperaturas predominantes en el área. Según la tabla de los valores meteorológicos consultada encontramos que las temperaturas promedio en los 12 primeros días del mes de enero del 2010 fueron 16 grados Centígrados o 50 grados Fahrenheit con una mínima el dia 10 de Enero de 3,6 Grados o 36 grados Fahrenheit, el viento se mantuvo con una velocidad promedio de 16 Kilómetros por hora o 10 Millas por hora. La intensidad del viento crea un efecto multiplicador del daño hasta 16 veces, según las fuente médica consultada.

- Viento (se considera que multiplica la acción del frío por diez) El viento se mantuvo durante varios días y llego a los 37 Km/h (25 m/h), según la Tabla de Valores Meteorológicos el viento se mantuvo con una velocidad promedio de 16 Kilómetros por hora o 10Millas por hora. La intensidad del viento crea un efecto multiplicador del daño hasta 16 veces, según las fuente médica consultada.

- El efecto del contacto directo de la piel con el agua fría acelero hasta 14 veces el efecto del frio (como sabemos las medidas disuasivas con el chorro de agua sobre los cuerpos)

- Del agotamiento y deterioro psicofísico provocado por la desagradable y dolorosa sensación de frio en el cuerpo es causa directa de un intenso dolor profundo en extremidades y en la región cefálica (Cefalea intensa) que da la idea de una inminente explosión dentro del cráneo.

Conclusiones Acusatorias sobre la Violación de Derechos Humanos y el Uso Sistemático de la Tortura hasta la Muerte

- Se trata de una Violación de los Derechos Humanos….. .

Se trata de un falta de atención Medica y de las condiciones higiénico Sanitarios, Alimentación y Otros Insumos Básicos en las Instituciones donde los individuos están en total y absoluta dependencia por su condición de *Recluidos* en Instituciones Cerradas.

- Esta falta de atención del Jefe del Gobierno ha traído como consecuencia una Tortura Sistemática que causa dolores intensos y ha demostrado que también la muerte de 57 pacientes es un hecho consumado y probatorio de la responsabilidad no estaba en los trabajadores, ni en el Director de la Institución que no genera bienes, ni recursos económicos para el adecuado mantenimiento de las estructuras inmobiliarias. El efectos del frio y la desnutrición en otras instituciones estatales como Escuelas, Centros de Ancianos, Trastornos Mentales y Físicos Crónicos, así como las Prisiones que sufren de las mismas faltas de atención y por las características represivas y la ausencia de Libertad de Expresión que sufren los ciudadanos de la República de Cuba.

Capítulo 7

Ley 150 Plan de Genocidio

Estas son potenciales amenazas a la Seguridad Nacional, pero en términos de Derechos Humanos de una manera incompleta y grosera podemos saber que en Cuba hay unas 586 cárceles para hombres, mujeres y niños con una población carcelaria de casi medio millón de personas, tal como lo utilizo en 1980, pueden utilizar esta masa humana tanto para exportarla como para crear graves disturbios en el momento que los necesiten.

El régimen introducido por Moscú en Cuba, gracias a la traición de Castro, el gobierno como un sistema institucional consiste en cuatro instituciones paralelas.

El primero es el Partido Comunista, líder absoluto en todos los niveles. El Partido está encabezado por el "Gran Hermano" y abarca todo el territorio nacional, por provincia, municipal y por cada centro laboral, militar o policial.

El partido tiene departamentos para cada tipo de actividad de los trabajadores, como ministerios, institutos, etc.

El Consejo de Ministros encabezado por el "Gran Líder" como principal rama ejecutiva. Tiene tres niveles geográficos y administrativos por cada ministerio, nacional, provincial, local y cada unidad tiene dentro del Partido Comunista y Joven Comunista como control público y vigilancia de la administración y de cada trabajador.

La Asamblea Nacional es una institución estrictamente formal o decorativa que se reúne en Asamblea Nacional dos veces en años para crear y controlar la actividad legal y administrativa de todo el país.

Puede proponer nuevas leyes, pero el miembro del parlamento, ni los delegados del Poder Popular a todas sus instancias por sí mismo no puede hacer ningún proyecto. Los proyectos son terreno absoluto del Partido cuando se lo oriente a los ministros. El voto es público con el 100% tradicional aprobado para cada idea inteligente de Gran Hermano.

Los Órganos de Control: Esto es Contra Inteligencia, existe por el Ministerio del Interior y por las Fuerzas Armadas, el represor y el controlador que trabajan dentro de cada institución civil o militar de maneras clandestinas en todos los niveles y solo subordinan y ejecutan la información a la cabeza.

Los oficiales tienen poder hegemónico para todo. El quién, dónde, por qué, cuándo, cuántos, etc. El 100% del tiempo cada archivo se actualiza por muchos niveles y de fuente diferentes.

Menos del 2% de la población tiene el privilegio de ser un militante de la Partido. Esta es la gran puerta abierta para obtener privilegios de posición social y política. La militancia es condición para ser jefe, en cualquier caso, obtener una carrera universitaria, alojamiento, transporte, volar al exterior del país, consideración especial y privilegio en su trabajo, pero además impunidad fiscal absoluta.

Pero cada individuo está obligado a ser miembro activo de la "Organizaciones Masas" como el Comité de Defensa en su vecindario, miembro del Sindicato en cada centro de trabajadores, miembro de la Asociación de Estudiantes, Federación de Mujeres Cubanas, Pionera de los niños y niñas hasta 14 años. Milicia o Tropas Territoriales, etc. Ser miembro significa recibir órdenes para hacer trabajos como hacer guardias, limpiar las calles, pintar el edificio, recoger desperdicios, ser voluntario en la granja, reunirse, leer el periódico todas las mañanas, leer en grupo y dar opinión sobre los discursos de Castro, dos o tres durante meses, etc.

Cada actividad es evaluada por los militantes y la envían a diferentes instancias según se requiera.

Todos los ciudadanos tienen un expediente en los archivo del Departamento de Seguridad del Estado asociado con el número algorítmico de su Carnet de Identidad, que requiere la Ley ser portado permanentemente, si la autoridad Policial, lo requiere y no lo porta, va la prisión

Este número de identificación es un algoritmo aritmético donde participan la fecha de nacimiento, comenzando por el ano de nacimiento, el mes y el día, su género: 01 y 02, el siglo de nacimiento, un dígito en este número de serie que recoge todo tipo de datos personales y demográficos y el nivel confiable de cada individuo en una escala de rango del 1 al 9.

La Ley # 150 impone la movilización masiva en caso de que el riesgo de desestabilización, el peligro del gobierno, esta movilización está relacionado con este número ordinal en la escala, pues cada nivel de ciudadano tiene un tipo de túnel donde será "protegido".

Este último, es este valor de este ciudadano para el gobierno. También toman nota en relación con la familia y / o cualquier relación social. Cada vez que este individuo tiene una evaluación sistemática para saber qué nivel de confianza puede depositar el gobierno en cada ciudadano. Cada ciudadano necesita un informe y recibir permiso para mudarse o visitar a su familia o amigo, y mostrar este documento RD-3 en el Comité de Revolución de la Defensa, esta condición está estrictamente reforzada por la ley.

• "Guerra de todo el pueblo " o "La guerra contra todas las personas"

El camino legalizado para el exterminio de la población civil en el territorio ruso llamado Cuba.

Esta Ley, en su aspecto, oculta el propósito teleológico con su contenido descriptivo de las organizaciones participantes y, de manera muy general, describe la participación más bien burocrática de las instituciones políticas, militares y sociales involucradas y la preocupación de la base de material logístico para garantizar la vida de los protegidos.

Es necesario leerlo con espíritu crítico y conocer el escenario donde se desarrolló su alcance para darse cuenta de su peligro, este es el objetivo de este Capítulo.
Dibujo original hecho con orina y humo negro, la "tinta de cárcel" para hacer tatuajes. Prisión de Quivican/1995

La Ley de Defensa Nacional # 150, este dibujo realizado durante mi estancia en prisión refleja un pensamiento insistente sobre este delicado tema porque desde 1981, aprendí sobre la metodología de movilización de las FAR, luego durante el Ejercicio de Mando Práctico como Oficial de Reserva en el Regimiento 117 del Cerro durante 4 meses, sabía cómo preparar esta trampa mortal para nuestros compatriotas bajo el nombre de Guerra de todo el Pueblo, que realmente es la Guerra contra el Pueblo.

El paralelo perfecto entre las escenas de Camboya y Cuba nos explica cómo los Castro tenían y tienen toda su estructura militar y represiva más la manipulación de la prensa en función de exterminar a la población civil de Cuba de manera silenciosa y justificada cuando lo entiendan necesario.

Pude ver el video, considerado Secreto de Estado del Comité Militar Ampliado del Consejo de Estado cuando Castro explicó a los miembros de este Comité cómo hacer la Movilización masiva en detalle y cómo usar el Sistema Nacional de Túneles para culpar a Estados Unidos y eliminar los enemigos internos.

Recibí este video del General José Abrantes, ex ministro del Interior para enviarlo al exterior, cuando estaba en la prisión de Guanajay, en 1990, poco antes de que fuera asesinado, con un shock salino.

El Departamento de Estado fue depositario del video a través de Mr. Evans de la SINA. (1990). El mayor Florentino Aspillaga de la DGI también habló en los Estados Unidos sobre este Plan de Asesinato en masa, también conocido por él.

Prueba del impacto de los planes de Pol Pot en Fidel Castro, fue galardonado en Cuba con la más alta distinción del Consejo de Estado de la República de Cuba, la Orden del Héroe Nacional "José Martí"; otra distinción que el monstruo camboyano recibió ha sido otorgada por el Libro de Registro de Records de Guinness, "Pol Pot, el hombre que ha matado a más personas en menos tiempo".

Unos meses después de su visita a Cuba y de ser objeto de la atención protocolar como Jefe de Estado, este sanguinario tirano llevó a cabo el asesinato más cruel conocido en la historia, pero inmediatamente estos desafortunados eventos ocurrieron como resultado de las facultades absolutas que confieren los gobiernos de la hermandad comunista internacional.

La similitud de las condiciones de aplicación y el propósito de la Ley 150, tienen la experiencia de lo que sucedió en Camboya, además es importante saber, que la Ley de que hablamos tiene una versión publica y otra en un Ordeno del Comandante en Jefe, donde están las ordenes mas sádicas quizás de los tiempo, pero estas ideas en Fidel Castro, fueron de una fuente resultante del viaje a Camboya pocos días después del derrocamiento del régimen, así Vilma Espín de Castro, presidenta de la Federación de Mujeres Cubanas, miembro del Buró Político y Ministro de Alimentación y Química por "debajo de la mesa", visita Non Penh, capital de Camboya, acompañado por la Teniente Coronel de la Dirección General de Inteligencia, sección Europa Occidental, Magaly García acompañante de Vilma Espín para tomar experiencia de primera mano cómo se había instrumentado el Plan de Pol Pot con la narración de experiencias y detalles del evento en el contexto, después cuando lo expuso al Buró Político, esto "inspiró" al Comandante en Jefe, quien quedó muy impresionado con la eficiencia del método utilizado por su "héroe" Pol Pot e Ian Sari.

Inmediatamente Castro dio la orden al MINFAR para que elaborara una Ley para la Orden de Movilización Nacional en estado de guerra o emergencia nacional y coordinar el uso de todos los medios para "preservar la población civil", esta primera Ley era tan descarnada en los procedimientos contra civiles, mujeres y niños, que se transformó en la Ley 150, dejando el original como una Ordenanza del Comandante en Jefe.

Esta preservación de la sociedad civil tenía como objetivo principal justificar la neutralización absoluta de la población que podría usar su potencial para rebelarse contra el poder del régimen aprovechando un ataque desde el exterior o cualquier evento político que pusiera en peligro la estabilidad del régimen soviético / castrista.
Como afirma Fidel Castro en el video, "una vez en los túneles las bombas enemigas se encargarían de justificar el derrumbe de los túneles y la muerte de miles de civiles refugiados".
 Ref.:
    Testimonio y Archivos del autor
    Ley # 150 Ley de Defensa Nacional
    Ley # 59 Ley de Peligrosidad Socia
    Video del Consejo de Estado

No disponemos de datos numéricos, pero realmente aún hoy en el año 1996 aun existían miles de personas que ostentan la categoría de "presos sin expediente", de este fenómeno fui testigo en el Destacamento Tiburón de la prisión Aguacate de Quivican entre el año 1990 y 1996.

Estos individuos han sido recogidos cuando tienen entre 8-10 años deambulando por las calles, sin padres, como gamberros —como se denominan en Europa—, y fueron enrolados en granjas juveniles del Ministerio del Interior donde permanecieron hasta los 18 años. Por lo inefectivo del sistema de educación, no pudieron darles la libertad a los 18 años y fueron transferidos al sistema nacional de cárceles y prisiones, por el alto nivel de peligrosidad que proyectaban, pero sin un proceso legal.

Otro afluente mayor ha sido la Ley 59 de Peligrosidad Social, la cual impone una sanción de 4 años de privación de libertad por no presentar vínculo laboral o de estudio conocido; otras categorías ideológicas aplicables pueden incrementar la severidad de la sanción, como pueden ser la apatía política, la práctica de alguna creencia religiosa, o ser portador de una psicopatología se considera una peligrosidad social para enviarlo a prisión por cuatro años de privación de libertad, quizás Cuba sea el único país del mundo donde sea sancionable ser portador de una enfermedad, etc.

Las mujeres en las leyes cubanas

Antes de 1959 existía nacionalmente una sola prisión para mujeres, ubicada en Guanajay. En aquel entonces pertenecía a la provincia de Pinar del Río y su población penal nunca excedió las 300 mujeres. El incremento de las mujeres en prisión después de 1959 ha sido especialmente la consecuencia de poner en práctica jurídica el Título XI del Código Penal, el cual se les aplica por no estar vinculadas laboralmente y por apatía política.

La condena por la política judicial orientada por el Partido Comunista a todas sus instancias es de cuatro años de privación de libertad.

En estos momentos existen no menos de 15 establecimientos penitenciarios para mujeres y además son extorsionadas laboralmente pues muchas de estas prisiones tienen asociadas empresas de manufactura textil o de artesanía, recibiendo salarios miserables por mercarías producidas fundamentalmente para la exportación, como son la fábrica de pantalones de vaquero española Levy-Strauss en Nuevo Amanecer y la fábrica de toallas Antex en el Combinado Textil de Wajay, de Marianao, provincia Ciudad de La Habana.

Los delitos más frecuentes de que son acusadas son la prostitución, acaparamiento y receptación, conducta anti-social.

Las conocidas redadas, o sea, la captura masiva, se han llevado a cabo sistemáticamente. Un ejemplo es la llamada Operación Petunia, durante la cual miles de mujeres fueron arrestadas, tuvieran o no vínculo laboral o de estudio, en playas, cines, restaurantes, solo por estar allí en horario de trabajo o de clases. Así, de una sola vez, en el Tribunal Provincial de la Cuidad de La

Habana, en la Sala Segunda de lo Criminal, presidida por Arturo Pie, condenaron a 13,000 mujeres entre 14 y 27 años de edad. Los juicios fueron en grupos de 25 acusados, donde los tribunales no aceptaron documentación probatoria que hiciera excepción para la condena; esto ocurrió en 1978, meses antes del XI Festival Mundial de la Juventud y los Estudiantes, celebrado en La Habana, Cuba. Esta operaciones de captura de víctimas para hacer un numero alto de prisioneros era parte de la operación Bravo para enviar 130 mil cubanos a los Estados Unidos, en 1975 por orden de la KGB a Cuba.

Los niños y los adolescentes en las leyes cubanas

En 1958 existía solamente el Reformatorio de Menores de Torrens, ubicado en El Rincón, en el antiguo de Santiago de las Vegas, Provincia Habana. Tenía alrededor de 400 menores y recibían atención directa de la Iglesia Católica a través del Padre Testé; cerca existía un Centro para Niños Desamparados, también atendido por el estado y la Iglesia con muy buenos resultados en la educación, muchos de ellos asistían a escuela privadas y eran niños excelentes.

El Estado Socialista disminuyó la edad penal y militar a los 16 años de edad, y en algunos delitos hasta 14 años, con esto los menores asumían la total responsabilidad penal y con muy poca tolerancia o excepción para las penas severas, incluyendo la pena de muerte cuando estaban involucrados en delitos políticos.

La llamada edad militar bajo a los 16 años: en los primeros años del Poder Rojo de doce y trece años fuimos reclutados para las armas más peligrosas de las Fuerzas Armadas. Este tenía también otra ventaja para el sistema, esto rompía el nexo del niño con su familia, el Estado era el nuevo formador y padres del soldado.

Los niños y adolescentes con problemas de adaptación o aprendizaje se categorizaban con el diagnóstico de Trastornos de Conducta en Niños y Adolescentes y eran clasificados y diagnosticados por el Centro Nacional de Evaluación y Diagnóstico, ubicado en Miramar, en 5ta. Ave. y 110, Playa.

En la década de los 70, este centro fue asistido por psiquiatras alemanes y cubanos, la población de niños con problemas de aprendizaje, entre ellos ciegos y sordo mudos, creció a niveles astronómicos y se establecieron en la cuidad de la Habana más d 50 escuelas de los llamados Planes Especiales. Estos niños y adolescentes al principio de los años 70 fueron asimilados por una rama del Ministerio de Educación llamada Planes Especiales dirigidos por la Dra. Elena Gil, miembro del Comité Central del PCC, más tarde estas dependencias, ubicadas por lo general en casas que pertenecieron antes de 1959 a personas adineradas, pasaron al Ministerio del Interior dejando atrás todas las normas que se habían establecido por el Ministerio de Educación.

Si nos preguntamos, cual fue el motivo del aumento de una población incrementada de niños con retraso mental, la respuesta me llego anos después....los países socialistas tenían por norma inyectar a los recién nacidos anti bióticos, estos medicamentos producidos básicamente por Bulgaria y la URSS, según opiniones de especialistas en bioquímica y farmacología no tenían estandarizadas las dosis y esto les provocaba a los neonatos danos en el octavo par craneal o nervio auditivo, a otros les provocaba danos en la corteza cerebral, a otros en la zona del occipital, estos eran diagnosticados como Daño Cerebral Mínimo, más la vacuna contra la Poliomielitis, que casualmente no era aplicada por el Ministerio de Salud Publico sino por cualquier miembro asignado en el Comité de Defensa de la Revolución y esta vacuna había sido contaminada con el virus SV-40 productora de cáncer, para algunos hay 38 millones de norteamericanos muertos por esta contaminación para otros no está probado, pero otras investigaciones relacionadas con eventos de la Inteligencia soviética en Estados Unidos, donde hacían este experimento supuestamente para hacer una vacuna para matar a Fidel Castro con cáncer, murieron tres personas que estaban asociadas a este desarrollo de virus la doctora Mary Sherman, David Ferrie y Eusebio del Valle, los tres fueron salvajemente torturados con el mismo procedimiento antes de morir, el mismo día a la misma hora en tres lugares diferentes de Estados Unidos todo estuvo involucrado la KGB. En el último capítulo, expones los desvelos del comandante con relación al tema.

El Ministerio del Interior no mantuvo a estos niños y adolescentes problemáticos en estas casas-escuela, situadas en lujosas viviendas de los residenciales Siboney, Miramar y Atabey, sino fueron trasladados para las Granjas de Reeducación en el campo.

Utilizando como método de formación de la personalidad y aprendizaje con trabajos rudos en labores agrícolas y recibían clases de educación general, pero esto último sin éxito, entre otros motivos porque los maestros en su mayoría habían sido sancionados administrativamente o eran no-titulados.

El Ministerio del Interior les dio a estos niños y adolescentes un tratamiento de prisioneros, nunca fueron tratados como alumnos con capacidad cognitiva limitada, sino como delincuentes o predelincuentes, como se les hacía llamar, la mayoría carecía de familiares que se interesaran por sus futuros, conocí personalmente a muchos de ellos en prisión.

En ausencia de una metodología pedagógica sino con el concepto soviético de reeducación, no los preparo para reincorporarse a sus familias y a la sociedad, los pocos que lograban salir de este sistema inmediatamente estaban involucrados en delitos, pues la mayoría no tenían familia.

A consecuencia de esto, tomaron la decisión de mantenerlos en el Sistema de Prisiones, donde continúan su vida como presos sin sanción ejecutiva, pero con condenas inextinguibles.

Cada provincia, cada municipio y cada unidad policial cuenta con dependencias del Ministerio del Interior quien atienden estos problemas sociales, pero el único camino y solución viable que usan es la prisión.

Las consecuencias de los divorcios, los ambientes afectivos inadecuados traen como consecuencia cambios irreversibles y negativos en la Personalidad del futuro y presente ciudadano que ha estado sometido a los hogares destruidos por la ideología socialista como parte del método subversivo.

CAMBIOS REVOLUCIONARIOS PARA LOGRAR UNA SOCIEDAD MARXISTA

Inventar un Enemigo
Introducir un nuevo "AMIGO"

Disminuir la autoridad de los padres

Cambiar los programas de Educacion

Cambiar la moneda circulante

Prometer cambios para crear expectativas y confusion

Sexo Libre e Inter racial

Promover consumo de alcohol y drogas

Obligar el ateismo

Dependencia al Estado

Control de la Informacion

Romper la familia

Disminuir la capacidad habitacional

Crear un enemigo....el explotador y sanguinario Imperialismo Yankee

Introducir un nuevo amigo.....la fraternal y protectora Unión Soviética

Liberar a los niños y adolescente de la tutela familiar

Ridiculizar las creencias religiosas

Las condiciones y factores enumerados anteriormente aumentan el riesgo o probabilidad de traducirse en uno o varios de estos factores negativos:

Problemas en la Salud Física y Psicológica
Retardo Cognitivo en especial en el área del desarrollo verbal
Bajo Rendimiento Académico o educacional
Poco interés en el Trabajo por ausencia de resultados
Tendencia a problemas de Conducta
Bajo Control de los Impulsos
Agresividad contra la Autoridad Social
Tendencia a la Violencia domestica por abuso o agresión a la pareja o hijos
Tendencia a romper la norma jurídica
Trauma psicológica por sentirse física o sexualmente abusado.

Pudiera resumirse que la sociedad cubana después de 1959 recibió cambios para ser sometida a un poder totalitario en favor y servicio de la URSS, quien necesitaba nuestra Isla como emplazamiento militar contra Estados Unidos.

Economía, individuo y delitos

Los soviéticos al tomar la Isla impusieron una sistemática destrucción de las estructuras que soportaban la economía cubana, las tierras y la capacidad industrial instalada que nula o mutilada y el campo socialista, ellos cubrían la destrucción con una propaganda de ayuda al gobierno de Castro a cambio del uso de la ventajosa posición geográfica de la Isla y además un endeudamiento forzoso de la economía nacional.

El PIB cayó a casi la mitad, el Plan de Destrucción funciono con precisión. El desastre económico se ha reflejado en la estructura y comportamiento de la tasa del delito y en la política criminal, así como en toda la vida económica, social y política del país, dando lugar a que los delitos se focalicen en los delitos contra la propiedad, como consecuencia de la necesidad de sobrevivir biológicamente dentro de una aguda crisis económica, política y social en la que Castro y su banda hunden al país.

Este tema en estos términos teóricos y abstracciones los exprese al Ministro del Interior General José Abrantes en una conversación privada en el comedor de una casa de protocolo, en un papel y bolígrafo.

El individuo, atrapado en una espiral descendente en cuanto a la solución de sus necesidades primarias, es obligado a entrar en conflicto con las normas jurídicas provocando un ambiente de inestabilidad, incertidumbre y tensión social. Como resultado de esto, se generan la corrupción y los privilegios, impactando en las medidas propuestas por Castro, las cuales producen un crecimiento rampante de diversas y nuevas modalidades delictivas.

Se conoce que la represión es una política Inherente y necesaria al sistema totalitario, lo que define la filosofía marxista como "dictadura del proletariado"; su naturaleza sine qua non de por sí es alcanzar el dominio de una clase obrera sobre la burguesía, pero cuando la clase burguesa desparece o es absorbida en apariencia y teoría, en la realidad después del proceso de radicalización del proceso revolucionario es todo lo contrario, se implanta la minoría militante sobre "una diminuta minoría(militantes) sobre la gran mayoría (trabajadores).

Los comunistas dicen ser representantes de los intereses de la clase trabajadora, pero realmente se oponen a los intereses verdadero de esa clase y crean la dominancia a través de crear crisis artificiales de productos de primera necesidad y la máxima pobreza, base de la subordinación absoluta al Estado.

Y al ser una dictadura, cuando aparece este nuevo arsenal legal, sin tener en cuenta la búsqueda de las causas en el propio sistema que las genera por la escases de medios contra la supervivencia del individuo, el cuerpo de leyes puesto en escena, lejos de resolver los problemas va creando otros más difíciles de resolver con un aumento de la población penal y las sanciones en escalones de ascenso.

Entre estos problemas está el aumento astronómico de la población penal que conlleva al deterioro psicológico y moral de miles de seres humanos, empeorando las imperantes condiciones infrahumanas de vida en las prisiones, como son la alimentación, el espacio habitacional, el cuidado médico, las normas de supervivencia en el micro mundo carcelario, etc.

Castro, en el año 2003, ante la Asamblea Nacional, explicó que el indicador del Producto Interno Bruto (PIB) tal y como lo calcula la ONU, no reflejaba la realidad cubana pues no tenía en cuenta el valor de los servicios gratuitos por lo cual no medía adecuadamente el crecimiento en Cuba. De ahí que al año siguiente se informara a los diputados que el PIB se había calculado con un método diferente al del Sistema de Cuentas Nacionales, que es el reconocido por la ONU.

Según la fórmula cubana, se computaron servicios gratuitos como la educación y la salud pública con valores supuestos, tomados de tarifas de una economía de mercado. Pero no se ha precisado en ningún momento cómo se realizó el cálculo, cuáles fueron los casos que se utilizaron y con cuáles países se compararlos los servicios cubanos.

Por el "método cubano" el PIB en el 2004 creció un 5%, pero la Comisión Económica para América Latina y el Caribe (CEPAL) informó el indicador calculado según el sistema que utiliza la ONU en un 3%.

Teniendo en cuenta además que hubo un lapso en que no se reportaron índices estadísticos y que en la mayoría de la literatura abierta y al alcance de todos por lo general no se dan cifras concretas del PIB, sino que solo se habla de los datos numéricos de su crecimiento, no puede conocerse entonces el valor del PIB exacto.

Además, durante un cierto período el PIB cayó a valores tan bajos, que, aunque han existido algunos aumentos, aún no puede Cuba compararse con los países con más éxitos económicos, como lo quieren hacer ver. La conclusión es que entonces no se puede saber la situación real de la economía en Cuba. Los datos que de diversas fuentes hemos podido recolectar se muestran en los gráficos a continuación:

Producto Interno Bruto (PIB) de Cuba.

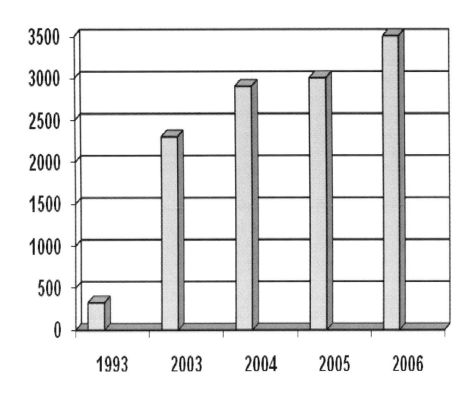

Producto Interno Bruto (PIB) per cápita.

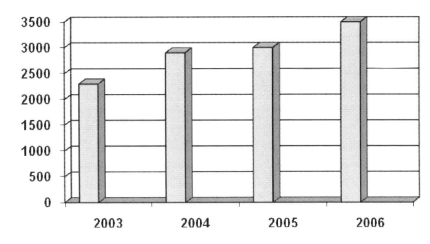

Un análisis interesante pudiera ser comparar el PIB expresado en poder adquisitivo paritario (PAP), medido en dólares, y el PIB per cápita de varios países en los años 1958 y 2000 y ver cómo ha sido la variación en cada uno de ellos.

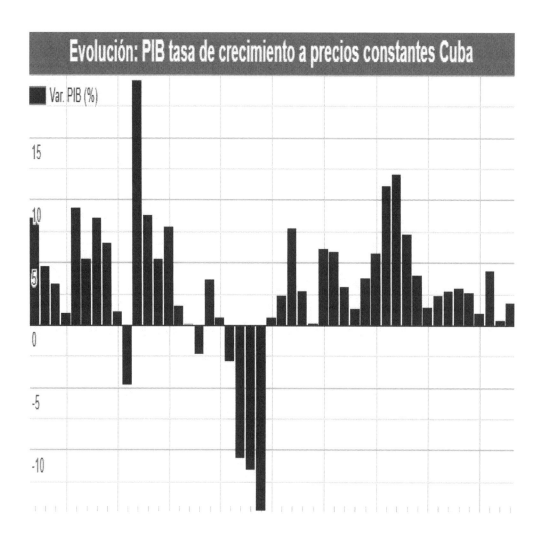
Evolución: PIB tasa de crecimiento a precios constantes Cuba

Var. PIB (%)

		Cuba		Cuba	

Cuentas Nacionales - Gobierno					
PIB anual [+]	2017	85.732M.€	85.732M.€	2017	PIB anual [+]
PIB Per Capita [+]	2017	7.465€	7.465€	2017	PIB Per Capita [+]
Gasto Educación (M.€).[+]	2010	6.229,2	6.229,2	2010	Gasto Educación (M.€).[+]
Gasto Salud (M.€).[+]	2016	9.016,8	9.016,8	2016	Gasto Salud (M.€) [+]
G. Salud (%G. Público Total) [+]	2016	17,26%	17,26%	2016	G. Salud (%G. Público Total) [+]
Gasto Defensa (M.€).[+]	2015	2.421,8	2.421,8	2015	Gasto Defensa (M.€) [+]
Gasto Educación Per Capita [+]	2010	550€	550€	2010	Gasto Educación Per Capita [+]
G. Público Salud Per Capita [+]	2016	786€	786€	2016	G. Público Salud Per Capita [+]
Gasto Defensa Per Capita [+]	2015	211€	211€	2015	Gasto Defensa Per Capita [+]
Rating Moody's [+]	08/11/2017	Caa2	Caa2	08/11/2017	Rating Moody's [+]
Índice de Corrupción [+]	2018	47	47	2018	Índice de Corrupción [+]
Índice de Fragilidad [+]	2018	62,9	62,9	2018	Índice de Fragilidad [+]
Mercado Laboral					
Ranking [+]	2016	36º	36º	2016	Ranking [+]

https://datosmacro.expansion.com/paises/comparar/cuba/cuba

Datos Socio-Demográficos de Cuba

Densidad [+]	2017	105 ⊾
Ranking Paz Global [+]	2018	81° ⊾
% Inmigrantes [+]	2017	0,11% ⊾
% Emigrantes [+]	2017	13,57% ⊾
Tasa Natalidad [+]	2016	10,87‰ ⊾
Remesas enviadas (M.$) [+]	2017	63,2 ⊾
Tasa mortalidad [+]	2016	8,00‰ ⊾
Índice de Fecund. [+]	2016	1,72 ⊾
Homicidios por 100.000 [+]	2016	4,99 ⊾
Población [+]	2017	11.484.636 ⊾
Inmigrantes [+]	2017	13.136 ⊾
Emigrantes [+]	2017	1.558.312 ⊾
IDH [+]	2017	0,777 ⊾
Ranking de la Brecha de Género [+]	2018	23° ⊾
Esperanza de vida [+]	2016	79,74 ⊾
Número de Homicidios [+]	2016	572 ⊾

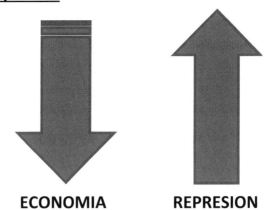

Decrecimiento económico y aumento de la Represión

ECONOMIA   REPRESION

Sucesivamente aparecieron, para incrementar la represión, como si todo lo anterior fuera poco, el Decreto Ley # 140 del 13 de agosto de 1993, el Decreto Ley # 150 del 6 de junio de 1994, el Decreto Ley # 175 de 17 de junio de 1997 y las Leyes # 87 y 88 de febrero de 1999.

En el Decreto Ley # 140, Castro despenaliza la posesión de moneda extranjera, con lo cual legalizó la tenencia de las llamadas divisas, facilitando con ello la entrada a la libre circulación de todas las monedas extranjeras para mercadear de forma circular parte de la droga que importa y produce en el patio, así como la prostitución como un servicio a prestarse. Además, abrió la puerta a estafar a los Estados Unidos con el reporte anual del dólar circulante internamente deteriorado físicamente que reportaban una cantidad falsa de billetes deteriorados a los Sindicatos de Bancos Suizos y recibían billetes nuevos en cantidades que encontraron las tropas de Estados Unidos en su cajas con las direcciones del remitente y el destinatario en los palacios de Sadam Hussein en Iraq, cantidades de 650 millones y los Sindicatos de Bancos suizos fueron sancionados con una multa de 129 millones de dólares por facilitar estas transacciones falsas de Cuba. En otro orden de cosas, el delegado al la Asamblea Nacional por Boyeros, Ingeniero Alberides Barban cuestiono durante la Asamblea Nacional la inoperante medida de dos diferentes monedas circulantes, Castro no respondió y el audaz delegado desapareció del vecindario y de director de la fábrica de TV Caribe para siempre, se desconoce su paradero, si vivió o murió después de su acertada critica.

De una manera u otra, el gobierno cubano coloca artículos y servicios en un mercado estatal con precios únicos y altos, por lo que recupera sus inversiones en el mercado interno y obtiene grandes ganancias en un período corto de tiempo.

El Decreto Ley # 59 tiene como objetivo insertar nuevas conductas delictivas no contenidas en el Código Penal para tener bajo control el monopolio de la droga, la prostitución y otros servicios. Se insertan nuevas figuras delictivas, condicionadas desde luego por el supuesto incremento del turismo y de la cantidad de personas de otras nacionalidades atraídas por la oportunidad de inversión que el gobierno permite a determinados países.

Una modificación necesaria en el año 1997 creó nuevas figuras delictivas a tono con las nuevas modalidades delictivas surgidas con la reforma económica. Se crearon las figuras de tráfico de influencias, exacción ilegal y negociaciones ilícitas, insolvencia punible y se incrementaron las sanciones a los delitos de cohecho, malversación y abuso en el ejercicio del cargo.

Como la principal fuente de atracción turística ha sido el sexo y la droga, para estos fines hubo que conceptuarlas como delitos. Puede que parezca una contradicción, pero el propio gobierno tuvo que definir nuevos delitos en sus leyes para los delitos que él crea por sí mismo. Pero siempre el objetivo del gobierno es mantener la superioridad del poder del estado o su control monopólico sobre la prostitución, la droga, la trata de personas y la corrupción de menores. Estas figuras delineaban el nuevo proxenetismo, la trata de personas y los delitos de ultraje sexual, tales como la pornografía tanto infantil como homosexual.

Las modificaciones del Código Penal configurando figuras delictivas o aumentando la severidad en las sanciones en delitos ya existentes, el Decreto Ley # 175 dio posibilidades para que las sanciones alternativas a la privación de libertad se pudieran aplicar hasta cinco años de privación de libertad en lugar de 3 años que estaba entonces vigente.

Una polémica entre felinos extremistas fue la modificación del artículo 8 del Código Penal, donde se define el delito y que expresamente dice: <u>"En aquellos delitos en los que el límite máximo de la sanción aplicable no exceda de 1 año de privación de libertad o multa no superior a 300 cuotas o ambas, la autoridad actuante está facultada para, en lugar de remitir el conocimiento del hecho al tribunal, imponer al infractor una multa administrativa, siempre que en la comisión del hecho se evidencie escasa peligrosidad social tanto por las condiciones personales del infractor como por las características y consecuencias del hecho."</u>

Para regular esta flexibilidad y dar pie a la corrupción de los medios represivos, queda en manos de la policía imponer multas administrativas como en los tiempos medievales a un número importante de delitos.

Estas Leyes ejecutivas de sanción recuerdan plácidamente la severidad de los primeros años de vida del régimen totalitario; no obstante, el 5 de enero de 1999, día en que conmemoran la fundación de la tristemente célebre Policía Nacional Revolucionaria, el dictador en su discurso habló de la situación de los delitos y ordenó nuevas medidas represivas, ante un incremento explosivo de los delitos contra la propiedad y las personas.

Algunos de los aspectos reconocidos que Castro mencionó fueron los siguientes: Resumen del autor

Tendencia creciente de la prostitución y el proxenetismo, en los centros turísticos del país. Se aprecian niveles de organización y vinculación con otras actividades delictivas como la droga, el contrabando y la corrupción de menores, también manejados con eficiencia por la Contra Inteligencia.

El narcotráfico interno en Cuba, se hace una realidad creciente que puede competir con el estatal, así como utilizar a las costas cubanas como receptáculo de mercancías ilícitas como tránsito para el tráfico de drogas duras e ir estimulando el consumo interno. Incidencia creciente de estas actividades produciéndose entonces crímenes contra las personas como subproducto cotidiano en hechos de carácter violento, cuyo móvil fundamental es la droga, en los cuales está presente la extorsión, el ajuste de cuentas, el débito o simplemente la estafa con el empleo de armas blancas o de fuego.

La cocaína no puede ser procesada por particulares, es obra de instituciones del gobierno y la cocaína esta al alcance de turistas y traficantes.

Tráfico ilegal de personas con fines lucrativos incrementa al aumentar la comunicación y relación con ciudadanos extranjeros, se crean los vínculos humanos con dichos extranjeros disputándole al Estado, quien deja salir o no y entonces se crean leyes reprimiendo con penas hasta de cadena perpetua estos delitos.

Aumento del delito convencional especialmente robo, violación y homicidios, creando sentimientos de temor y obligando a tomar medidas más estrictas de seguridad.

La tarea fundamental de enorme trascendencia económica y política, de combate y de vencer el delito no significa el sueño de que el delito desaparezca de la faz de nuestra sociedad, sino reducirlo a la mínima expresión que resulte incapaz de golpear de manera grave económica y políticamente a la Revolución.

Para contrarrestar esta situación se tomaron una cantidad importante de medidas para reforzar el sistema penal (con especial énfasis en la policía y los órganos de la fiscalía y los tribunales), además de las reformas legislativas, aprobándose los días 15 y 16 de febrero del año en curso, en la Asamblea Nacional las siguientes medidas modificativas del Código Penal:

1. Incluir la sanción de privación perpetua de libertad, entre las sanciones posibles del Código Penal.

2. Permitir sanciones mayores de 30 años de privación de libertad (límite fijado en el Código antes de las modificaciones) en los casos siguientes:

F Si en el hecho concurren circunstancias que producen la agravación extraordinaria de la sanción, en cuyo caso el tribunal puede aumentar la sanción a imponer hasta en la mitad del límite máximo.

F Si se aprecian circunstancias relativas a la reincidencia o multi reincidencia, el Tribunal puede aumentar el límite superior hasta en un cuarto, en un tercio o en la mitad según el caso.

F Al formar una sanción conjunta que puede ser igual a la suma de todas las impuestas (anteriormente no podía ser mayor al delito sancionado mas severamente.)

3. A los acusados reiterantes, de forma preceptiva (era facultativa hasta el momento) se le aumentan hasta el doble los límites mínimo y máximo previstos cuando el autor haya cometido el hecho durante el cumplimiento de una sanción o medida de seguridad, o encontrándose sujeto a medida cautelar de prisión provisional, evadido de un centro penitenciario o durante el período de prueba correspondiente a la remisión condicional de la sanción.

4. También se establece la obligatoriedad para el Tribunal de adecuar la sanción para los casos de reincidencia o multi reincidencia. Hasta ese momento era discrecional para el Tribunal.

5. Se elevó la cuantía máxima de cada cuota de multa, estableciéndose el límite máximo de cada cuota en cincuenta pesos, el máximo hasta entonces era de 20 pesos.

6. Se crean las nuevas figuras delictivas de tráfico de personas y el lavado de dinero.

7. Aumento de las sanciones en el delito de Robo con Fuerza en las Cosas, Robo con Violencia o Intimidación en las Personas, el Hurto, Violación, Proxenetismo, Corrupción de Menores y Drogas.

8. Crear la figura delictiva de Venta y Tráfico de Menores para aquellos casos que se venda o transfiera a un menor de 16 años de edad a cambio de recompensa, compensación financiera o de otro tipo.

9. Mayor protección a los bienes del patrimonio cultural con mayor severidad en las sanciones y creación de nuevas figuras.

10. Mayor severidad en las sanciones para los que sin poseer la licencia correspondiente, adquieran, porten o tengan en su poder armas de fuego.

11. Se duplicaron los límites mínimos y máximos de la sanción prevista en el Código Penal para el sacrificio ilegal de ganado mayor. También se aumentan las sanciones para el que venda, transporte o en cualquier forma comercie con carne de ganado mayor. Es de significar que este es uno de los delitos de mayor incidencia estadística en la tasa delictiva cubana.

12. Se aumentan las sanciones de los delitos de violación y de pederastia con violencia, estimulados con la prostitución, la droga y el desorden social en general.

Se activa de nuevo la {Mordaza sin Anestesia} Ley # 88, una Ley penal especial que crea figuras delictivas para todos aquellos que cooperen con el Gobierno de Estados Unidos en la aplicación de la conocida Ley Helms-Burton.
Estas figuras son: Suministro de Información, búsqueda de información clasificada, acumular, reproducir, difundir material de carácter subversivo del Gobierno de USA., sus agencias , dependencias, representantes o cualquier otra entidad extranjera directamente relacionadas con el Gobierno de Estados Unidos pero que persigan los mismos objetivos políticos. También se sancionan introducir al país los materiales descritos anteriormente, colaborar

con emisoras de radio o T.V. o cualquier otro medio de difusión que persigan los objetivos políticos descritos en la ley.

Se condenan también: perturbar el orden público, organizar o promover acciones para perturbar el orden público, realizar cualquier acto dirigido a impedir o perjudicar las relaciones económicas del estado cubano o entidades cubanas o extranjeras de cualquier tipo siempre que tengan o hagan negocios con Cuba, incitación a cometer algunos delitos previstos en la ley, distribuir medios financieros, materiales o de otra índole procedentes del gobierno de EE.UU. o entidades privadas de ese país con el propósito de lograr los objetivos descritos en la ley. El derecho penal castrista se ha desarrollado con una orientación política definida para defender, controlar y neutralizar todo intento de resurgimiento de los derechos humanos, la libertad individual, los derechos civiles e individuales del cubano. El derecho penal ha sido un escudo diabólico de esta confrontación, sus paradigmas han sido un reflejo de la severidad como vía para lograr en un primer instante la utopía de hacer una sociedad socialista con una erradicación total del delito y en una etapa posterior incrementar la decadente arbitrariedad.

Ha sido un derecho penal de defensa de lo injusto para darle una gran via a la destrucción humana y el odio. Esta historia ha tenido un período de 60 años en que trató de imponerse un derecho penal particular. Puede atribuirse la frustración de esta experiencia entre otras razones al fracaso del sistema y de su liderazgo, en su total incapacidad de mantener al país con niveles que heredó de antes de 1959, sino que subvirtió el orden político para consagrar una dictadura para instaurar a Cuba en una base militar Soviética y después rusa.

Cada incapacidad del sistema ha generado posibles nuevas conductas de escapes o defensa de parte del individuo que sufre impotente los improcedentes métodos del sistema totalitario y este, para mantener su control, lo encierra en su sistema de cárceles y prisiones. Es de destacar que estas emergentes medidas crean problemas mayores para la nación cubana a mediano y largo plazo.

La responsabilidad teórica caería sobre la criminología socialista, exponiendo sus limitaciones como una ciencia causal explicativa y pasiva porque no tiene el legislador poder para modificar el sistema social que genera el delito; su objetivo apunta solo a la descripción de los hechos delictivos y sus causas, sin cuestionamiento de los determinantes criminógenos que existen en las sociedad marxista, en el caso concreto de Cuba, la dirección ejecutiva de Fidel Castro delinea punto por punto cada acción jurídica para defender su perpetuo mando.

Los juristas de la tiranía adolecen de miras y objetivos de justicia social y cierran las puertas a un compromiso de llevar al pueblo por un cauce de libertad, progreso y democracia.

La criminología debe seguir un camino de compromiso con la democracia, el estado de derecho, los derechos humanos y dar paso a una libertad bien entendida por todos los cubanos no comprometidos con el comunismo.

El derecho para proyectar leyes tiene necesariamente en el mundo de hoy que enlazarse con otras ciencias sociales que delineen los perfiles del hombre como centro del sistema en sus diferentes facetas, psicología social, la sociología, la eeconomía, y sus herramientas de investigación para que con máxima precisión el individuo tenga la línea definida entre lo que le es permitido y que no le es permitido con el proporcional costo en castigo y su dosis de educación. La criminología, bien debe volcarse hacia lo preventivo buscando el infinito y eficiente apoyo de la familia, la escuela y la iglesia.

Fuentes: El periódico *Granma* discurso de Fidel Castro 5 de Enero de 1999.
        Datos y opiniones del autor como Profesor de Teoría del Estado y el Derecho y Criminología.

Análisis de la población penal de Cuba

El Gobierno de Cuba no brinda cifras reales que pudieran facilitar conocer el real comportamiento de los delitos y la población penal, por lo cual nos vemos obligados a calcular por deducción estadística y encuestas testimoniales para conocer el número de Establecimientos Penitenciarios y la Población Penal.

Usamos el método de recolección de datos mediante encuestas a través de entrevistas a testigos (ex presos que recientemente llegaron a los Estados Unidos y las vivencias del autor que fue un prisionero político por 7 anos y por casi 10 años Psicólogo Forense del Instituto de Medicina Legal y Perito del Tribunal Supremo, Provincial de Ciudad La Habana y Prov. Habana).

Delitos denunciados según Etapas.

Años	Índice
1948 a 1958	100 /100,000
1959 a 1969	167
1970 a 1980	139
1981 a 1991	287
1992 a 2001	496

Números ofrecidos por el Fiscal General de la Republica Ramon de la Cruz tras algunos cálculos por proporciones, estos números ofrecidos están alterados, del 1959 al 1969 la población penal solamente política eran mas de 25,000 prisioneros sin contar los presos por delitos comunes, por lo tanto los delitos denunciados debían de ser superior al números ofrecido por la Fiscalia, si analizamos la proporción de tasa por 167/100,000 habitantes la llevamos a 6 millones de habitantes solo nos aporta 10,200 delitos reportados en 10 anos

Estos números enmascaran la realidad por la forma de presentarlos, que en el ultimo periodo de delitos reportados alcanzaron la cifra de 59,520, si sumamos esto a los prisioneros que vienen cumpliendo condenas mas los nuevos ingresos hasta el ano 2019... el numero de prisioneros en Cuba sobrepasa los 450,000 en prisión.

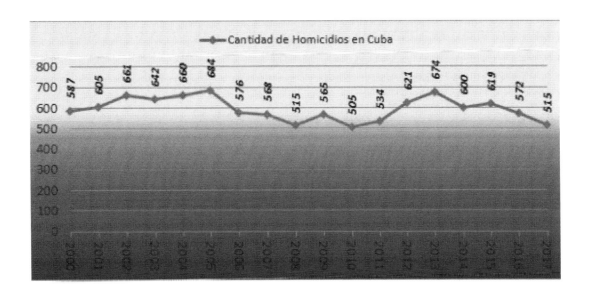

Aun con datos falsos, los números son reflejo del desastre social creado por el régimen. Siempre los informes y comentarios periodísticos alrededor del tema responsabilizan al turismo de Estados Unidos con el consumo de drogas, proxenetismo y prostitución, lo cual no parece lógico cuando los comisores de los delitos son nacionales cubanos.

En la legislación penal resulta de importancia la Ley 1098 de 1963 que agravó las sanciones de los delitos contra la propiedad y pasó a calificarlos como delitos contrarrevolucionarios lo que daba la competencia para su juzgamiento a los Tribunales Revolucionarios.

De importancia también es la Ley 1155 de 17 de abril de 1964 la cual declaraba - es necesario como medio de fortalecer la lucha contra elementos antisociales, que aún existen como rezagos de la sociedad capitalista, facultar al Consejo Superior de Defensa Social, como ya dijimos un órgano administrativo, para decomisar bienes muebles propiedad de personas que sean declaradas en estado peligroso, autorizaba el comiso de ciertos objetos, efectos, materiales o mercancías cuyo uso, comercio o tenencia pueda estimarse perjudicial al orden social o idóneo para la ejecución de un delito-.

En 1973 se aprueba la importante Ley # 1249 que prácticamente redactó de forma nueva los llamados Delitos contra las Buenas Costumbres y el Orden de la Familia que pasaron a llamarse Delitos contra el Normal Desarrollo de las Relaciones Sexuales y Contra la familia, la Infancia y la Juventud ,la cual además aumentó las sanciones por los delitos de Violación, Pederastia,

Abusos Lascivos , Escándalo Público y Proxenetismo. También aumentó las sanciones y creó nuevas figuras en los delitos Contra la Propiedad y contra la Economía Nacional y Popular.

Reafirma la Fiscalía:

Como vemos hasta esta reforma si bien se retomó , ante las circunstancias difíciles en que vive el país, cierta tendencia al reforzamiento a la severidad y utilización del Derecho Penal ; en nuestra opinión se mantuvo una utilización discreta de lo que fue la política criminal de severidad llevada a cabo durante los primeros 20 años de la Revolución cubana.

Sin embargo la situación siguió agudizándose y en un discurso el 5 de enero de 1999 en ocasión del 40 Aniversario de la Policía Nacional el Presidente del Consejo de Estado Cmdte Fidel Castro hizo una larga intervención sobre la situación delictiva de la cual resumimos algunos aspectos que consideramos de mayor interés (4):

- Tendencia creciente de la prostitución y el proxenetismo, especialmente en los polos turísticos del país . Se aprecian niveles de organización y vinculación con otras actividades delictivas como la droga, el contrabando y la corrupción de menores.
- Persistente interés del narcotráfico internacional de utilizar a Cuba como tránsito para el tráfico de drogas duras e ir estimulando el consumo interno. Incidencia creciente de estas actividades en hechos de carácter violento, cuyo móvil fundamental es la droga, en los cuales está presente la extorsión , el ajuste de cuentas, el débito o simplemente la estafa con el empleo de armas blancas o de fuego.
- Tráfico ilegal de personas con fines lucrativos incrementando la utilización de Cuba aprovechando el desarrollo del turismo, uso del país como tránsito hacia terceros países especialmente Canadá y Estados Unidos. Además se desarrolla el tráfico ilegal de ciudadanos cubanos hacia Estados Unidos preferentemente con lanchas rápidas.
- Aumento del delito convencional especialmente robo, violación y homicidios, creando sentimientos de temor y obligando a tomar medidas mas estrictas de seguridad.
- La tarea fundamental de enorme trascendencia económica y política ,de combate y de vencer el delito no significa el sueño de que el delito desaparezca de la faz de nuestra sociedad ,sino reducirlo a la mínima expresión que resulte incapaz de golpear de manera grave económica y políticamente a la Revolución.

- Para contrarrestar esta situación se tomaron una cantidad importante de medidas para reforzar el sistema penal (con especial énfasis en la Policía y los órganos de la Fiscalía y los Tribunales), además de las reformas legislativas, aprobándose los días 15 y 16 de febrero del año en curso, en la Asamblea Nacional las siguientes medidas modificativas del Código Penal:

1- Incluir la sanción de privación perpetua de libertad, entre las sanciones posibles del Código Penal.

2.- Permitir sanciones mayores de 30 años de privación de libertad (límite fijado en el Código antes de las modificaciones) en los casos siguientes:

-si en el hecho concurren circunstancias que producen la agravación extraordinaria de la sanción, en cuyo caso el Tribunal puede aumentar la sanción a imponer hasta en la mitad del límite máximo.

-si se aprecian circunstancias relativas a la reincidencia o multireincidencia, el Tribunal puede aumentar el límite superior hasta en un cuarto, en un tercio o en la mitad según el caso.

-al formar una sanción conjunta que puede ser igual a la suma de todas las impuestas(anteriormente no podía ser mayor al delito sancionado mas severamente.)

3.- A los acusados reiterantes , de forma preceptiva (era facultativa hasta el momento) se le aumentan hasta el doble los límites mínimo y máximo previstos cuando el autor haya cometido el hecho durante el cumplimiento de una sanción o medida de seguridad, o encontrándose sujeto a medida cautelar de prisión provisional, evadido de un centro penitenciario o durante el período de prueba correspondiente a la remisión condicional de la sanción.

4.- también se establece la obligatoriedad para el Tribunal de adecuar la sanción para los casos de reincidencia o multirreincidencia. Hasta ese momento era discrecional para el Tribunal.

5.- Se elevó la cuantía máxima de cada cuota de multa, estableciéndose el límite máximo de cada cuota en cincuenta pesos, el máximo hasta entonces era de 20 pesos.

6.- Se crean las nuevas figuras delictivas de tráfico de personas y el lavado de dinero.

7.- Aumento de las sanciones en el delito de Robo con Fuerza en las Cosas, Robo con Violencia o Intimidación en las Personas, el Hurto, Violación, Proxenetismo, Corrupción de Menores y Drogas.

8.-Crear la figura delictiva de Venta y Tráfico de Menores para aquellos casos que se venda o transfiera a un menor de 16 años de edad a cambio de recompensa ,compensación financiera o de otro tipo.

9.- Mayor protección a los bienes del patrimonio cultural con mayor severidad en las sanciones y creación de nuevas figuras.

10.- Mayor severidad en las sanciones para los que sin poseer la licencia correspondiente, adquieran, porten o tengan en su poder armas de fuego.

11- Se duplicaron los límites mínimos y máximos de la sanción prevista en el Código Penal para el sacrificio ilegal de ganado mayor. también se aumentan las sanciones para el que venda, transporte o en cualquier forma comercie con carne de ganado mayor. Es de significar que este es uno de los delitos de mayor incidencia estadística en la tasa delictiva cubana.

12- Se aumentan las sanciones de los delitos de violación y de pederastia con violencia. Se aprobó asimismo la Ley # 88, una Ley penal especial que crea figuras delictivas para todos aquellos que cooperen con el Gobierno de Estados Unidos en la aplicación de la conocida Ley Helms-Burton. Estas figuras son: Suministro de Información, búsqueda de información clasificada, acumular, reproducir, difundir material de carácter subversivo del Gobierno de U.S.A., sus agencias , dependencias, representantes o cualquier otra entidad extranjera directamente relacionadas con el Gobierno de Estados Unidos pero que persigan los mismos objetivos políticos. también se sancionan introducir al país los materiales descritos anteriormente, colaborar con emisoras de radio o T.V. o cualquier otro medio de difusión que persigan los objetivos políticos descritos en la ley.

Perturbar el orden público. Organizar o promover acciones para perturbar el orden público. Realizar cualquier acto dirigido a impedir o perjudicar las relaciones económicas del Estado cubano o entidades cubanas o extranjeras de cualquier tipo siempre que tengan o hagan negocios con Cuba.

Incitación a cometer algunos delitos previstos en la ley. Distribuir medios financieros, materiales o de otra índole procedentes del Gobierno de U.S.A. o entidades privadas de ese país con el propósito de lograr los objetivos descritos en la ley.

Referencias:

EL DELITO, LA CRIMINOLOGÍA Y EL DERECHO PENAL EN CUBA DESPUÉS DE 1959. Dr. Ramón de la Cruz Ochoa *FECHA DE PUBLICACIÓN EN RECPC: 19 de febrero del 2000.*

Capítulo 8
Población Penal Estimada

Para utilizar estos estadígrafos indicadores en el calculo de población penal total en Cuba, tenemos en cuenta que la Dirección General Nacional de Cárceles y Prisiones del Ministerio del Interior dicta normas nacionalmente, por lo cual asumimos que la distribución de los presos en las prisiones cumple los requisitos normativos que emanan de esta Dirección Nacional, como también hemos podido comprobar que la proporción indicadora de superpoblación de cada establecimiento penitenciario calculada a partir de la capacidad habitacional del diseño con respecto a la población actual se mantiene constante por el número de 150-160 % para todas las prisiones en las diferentes provincias.

También, otras informaciones organizativas y administrativas nos ratifican que el número asumido es correcto, así como la estructura de los diferentes tipos de prisiones que cumplen normas y órdenes establecidas nacionalmente.

Así por ejemplo, la capacidad de cada prisión nacionalmente se encuentra incrementada homogéneamente entre un 150-160% de superpoblación, si partimos de la capacidad de población para lo cual fue concebida cada prisión como promedio para todas las provincias.

Apoyados en las anteriores premisas, queremos conocer al número atribuible al promedio de presos por unidad penitenciaria, si sabemos que en las dos provincias estudiadas tenemos los siguientes datos:

Utilizamos las provincias de Ciudad de La Habana y La Habana como poblaciones representativas de la saturación poblacional de las unidades o establecimientos penitenciarios ya que hasta el momento son las que hemos podido someter a una encuesta rigurosa sobre el conocimiento para la ubicación y cantidad de presos en cada una de las unidades localizadas, por lo menos con menos de dos fuentes testimoniales y búsqueda de la localización vía imagen de satélite.

	Prisioneros	Prisiones
Ciudad de La Habana	29,950	21
La Habana	13,280	34
TOTAL	Cantidad de reclusos	Cantidad de Prisiones
	43,230	55
Población media por prisión	786	---

El Sistema de Cárceles y Prisiones del Ministerio del Interior tiene 582 instalaciones, según consta documentalmente por imágenes vía satélite y encuesta a testimonian tes. Entonces, estas 582 prisiones nacionales multiplicadas por la media calculada de 786 presos en cada una de ellas, da como resultado 457,452 presos nacionalmente, esto es una cantidad estimada por cálculos estadísticos convencionales.

A este número se le deben agregar los presos militares (entre 5 y 10,000) y los detenidos en cada una de las unidades policiales, aún no procesados por fiscalía. Estos últimos quizás alcancen a nivel nacional una cifra cercana de acuerdo con la cantidad de unidades de la Policía Nacional y la capacidad de procesamiento y estancia de los detenidos en ellas.

Esta cifra podría estar entre 3 y 5,000 personas diariamente, en dependencia de la época del año; los meses más críticos son julio y agosto, con cierto pico en diciembre.

Otro dato de verificación es el número de presos con categoría de sancionados, recibido de fuentes de inteligencia (alguien que vio personalmente por su cargo, la cantidad en una pizarra de partes o reportes diarios): 256,087. Sin embargo, a este número es necesario sumarle una cantidad de 40-45% más por los presos en la categoría de los que les falta documentos o que están pendientes de sentencia ejecutiva del Tribunal o la Fiscalía del nivel correspondiente a cada caso, que comprende a los que aún no han sido sancionados por los tribunales o les falta algún procedimiento penal para adquirir la categoría de "ejecutivamente sancionados".

Con esta cifra también verificamos que una cantidad cercana al medio millón es aceptable y puede ser comprobada aritméticamente y estadísticamente.

La población penal de Cuba

 Esta cifra refleja una tasa estimada nos indican un mínimo de 3,180 presos por cada 100,000 habitantes, para una población total de 11.5 millones de habitantes actuales y de acuerdo con las estadísticas del Centro Mundial de Estudio sobre las Prisiones del King's College de Londres, Gran Bretaña.

Como se puede observar en la tabla anexa sobre la población penal por países, si Cuba es vista con la información real, en su área geográfica, se eleva a un primer lugar en cuanto a la cantidad de personas en diferentes tipos de prisiones, reflejándose tras este número el desastre social, político y jurídico del sistema totalitario impuesto por los Castro.

Datos demográficos y étnicos disponibles indican que esta población penal tiene mas de un 90% de negros y mestizos (de acuerdo con encuestas del autor entre 1989 y 1996 dentro de los Destacamentos de Prisiones de Cuba), los cuales reflejan la hipócrita premisa de la igualdad social proclamada por la ideología marxista).

En Cuba, cada 9 jóvenes de la raza negra con edad entre 21 y 29 años de la población general, 7 de ellos están o han estado cumpliendo sentencias penales en las prisiones cubanas.

Ellos tienen, como promedio, un nivel escolar de secundaria básica o menor y al menos tres sentencias penales ejecutorias antes de los 25 años de edad.

La probabilidad al nacer de cumplir alguna sanción en algún momento de su vida es de 0.67. (Cálculos basados en datos del Censo de 2003 en Cuba.)

Para la información acerca de la población penal en América, vea la página siguiente: Tabla 2 Américas.

Población penal

Población penal general	300,050
Centros penitenciarios	552
Tasa general de prisioneros/habitantes	3,180 / 100,000 habitantes

Población de los grupos etarios más frecuentes en las prisiones: {por edades}

Población general	19 – 29 años	1,187,017 habitantes
Población penal	19 – 29 años	418,925 prisioneros

Datos interesantes:

Si la población negra en prisión representa el 92% de la población penal total, entonces la cuota poblacional de esta categoría racial debe estar aproximadamente por la cantidad de 269,411 <u>prisioneros negros</u>.

De acuerdo con el Censo de 2003, el estrato de la población de personas negras representa el 10.1%, el cual equivale a 1, 122,892 personas de la raza negra (hombres y mujeres); entre ellos, Los hombres son 563,438.

Así, el resultado es que el 54% de la población de hombres negros está en prisión.

Todos los datos anteriores, en su conjunto, es un índice inequívoco de los factores específicos adversos que tienen un impacto en este grupo social que urgentemente necesita salvarse debido a diversas razones humanas, políticas y económicas. Como referencia, queremos brindarle los datos de la población por razas, según el Censo de 2002.

Blancos	65.0 %	7,265,532
Negros	10.1 %	1,122,892
Mestizos	24.9 %	2,783,258

Instalada de la Cadena Perpetua

Sucesivamente aparecieron, para incrementar la represión, como si todo lo anterior fuera poco, el Decreto Ley # 140 del 13 de agosto de 1993, el Decreto Ley # 150 del 6 de junio de 1994, el Decreto Ley # 175 de 17 de junio de 1997 y las Leyes # 87 y 88 de febrero de 1999.

En el Decreto Ley # 140, Castro despenaliza la posesión de moneda extranjera, con lo cual legalizó la tenencia de las llamadas divisas, facilitando con ello la entrada a la libre circulación de todas las monedas extranjeras para mercadear de forma circular parte de la droga que importa y produce en el patio, así como la prostitución como un servicio a prestarse. De una manera u otra, el gobierno cubano coloca artículos y servicios en un mercado estatal con

176

precios únicos y altos, por lo que recupera sus inversiones en el mercado interno y obtiene grandes ganancias en un período corto de tiempo.

El Decreto Ley # 150 tiene como objetivo insertar nuevas conductas delictivas no contenidas en el Código Penal para tener bajo control el monopolio de la droga, la prostitución y otros servicios. Se insertan nuevas figuras delictivas, condicionadas desde luego por el supuesto incremento del turismo y de la cantidad de personas de otras nacionalidades atraídas por la oportunidad de inversión que el gobierno permite a determinados países.

Una modificación necesaria en el año 1997 creó nuevas figuras delictivas a tono con las nuevas modalidades delictivas surgidas con la reforma económica. Se crearon las figuras de tráfico de influencias, exacción ilegal y negociaciones ilícitas, insolvencia punible y se incrementaron las sanciones a los delitos de cohecho, malversación y abuso en el ejercicio del cargo.

Como la principal fuente de atracción turística ha sido el sexo y la droga, para estos fines hubo que conceptuarlas como delitos. Puede que parezca una contradicción, pero el propio gobierno tuvo que definir nuevos delitos en sus leyes para los delitos que él crea por sí mismo. Pero siempre el objetivo del gobierno es mantener la superioridad del poder del estado o su control monopólico sobre la prostitución, la droga, la trata de personas y la corrupción de menores. Estas figuras delineaban el nuevo proxenetismo, la trata de personas y los delitos de ultraje sexual, tales como la pornografía.

Sin embargo, junto a estas modificaciones del Código Penal creando nuevas figuras delictivas o aumentando la severidad en las sanciones en delitos ya existentes, el Decreto Ley # 175 dio posibilidades para que las sanciones alternativas a la privación de libertad se pudieran aplicar hasta cinco años de privación de libertad en lugar de 3 años que estaba entonces vigente. Asimismo también se aprobó una polémica modificación al artículo 8 del Código Penal, donde se define el delito y que expresamente dice: "En aquellos delitos en los que el límite máximo de la sanción aplicable no exceda de 1 año de privación de libertad o multa no superior a 300 cuotas o ambas, la autoridad actuante está facultada para, en lugar de remitir el conocimiento del hecho al tribunal, imponer al infractor una multa administrativa, siempre que en la comisión del hecho se evidencie escasa peligrosidad social tanto por las condiciones personales del infractor como por las características y consecuencias del hecho."

Para regular esta flexibilidad y dar pie a la corrupción de los medios represivos, queda en manos de la policía imponer multas administrativas como en los tiempos medievales a un número importante de delitos. Estas Leyes ejecutivas de sanción recuerdan plácidamente la severidad de los primeros años de vida del régimen totalitario; no obstante, el 5 de enero de 1999, día en que conmemoran la fundación de la tristemente célebre Policía Nacional Revolucionaria, el dictador en su discurso habló de la situación de los delitos y ordenó nuevas medidas represivas, ante un incremento explosivo de los delitos contra la propiedad y las personas.

Algunos de los aspectos que Castro mencionó fueron los siguientes:

<u>Tendencia creciente de la prostitución y el proxenetismo, especialmente en los polos turísticos del país.</u> Se aprecian niveles de organización y vinculación con otras actividades delictivas como la droga, el contrabando y la corrupción de menores.

El narcotráfico en Cuba, se hace una realidad creciente que puede competir con el estatal, así como utilizar a las costas cubanas como receptáculo de mercancías ilícitas como tránsito para el tráfico de drogas duras e ir estimulando el consumo interno. Incidencia creciente de estas actividades produciéndose entonces crímenes contra las personas como subproducto cotidiano en hechos de carácter violento, cuyo móvil fundamental es la droga, en los cuales está presente la extorsión, el ajuste de cuentas, el débito o simplemente la estafa con el empleo de armas blancas o de fuego.

Tráfico ilegal de personas con fines lucrativos incrementa al aumentar la comunicación y relación con ciudadanos extranjeros, se crean los vínculos humanos con dichos extranjeros disputándole al Estado, quien deja salir o no y entonces se crean leyes reprimiendo con penas hasta de cadena perpetua estos delitos.

Aumento del delito convencional especialmente robos con violencia en las personas en las cosas y con escalamiento, hurto, violación y homicidios, creando sentimientos de temor y obligando a tomar medidas más estrictas de seguridad.

La tarea fundamental de enorme trascendencia económica y política, de combate y de vencer el delito no significa el sueño de que el delito desaparezca de la faz de nuestra sociedad, sino reducirlo a la mínima expresión que resulte incapaz de golpear de manera grave económica y políticamente a la Revolución.

Para contrarrestar esta situación se tomaron una cantidad importante de medidas para reforzar el sistema penal (con especial énfasis en la policía y los órganos de la fiscalía y los tribunales), además de las reformas legislativas, aprobándose los días 15 y 16 de febrero del año en curso, en la Asamblea Nacional las siguientes medidas modificativas del Código Penal:

13. Incluir la sanción de privación perpetua de libertad, entre las sanciones posibles del Código Penal.

14. Permitir sanciones mayores de 30 años de privación de libertad (límite fijado en el Código antes de las modificaciones) en los casos siguientes:

> Si en el hecho concurren circunstancias que producen la agravación extraordinaria de la sanción, en cuyo caso el tribunal puede aumentar la sanción a imponer hasta en la mitad del límite máximo.

> Si se aprecian circunstancias relativas a la reincidencia o multi reincidencia, el Tribunal puede aumentar el límite superior hasta en un cuarto, en un tercio o en la mitad según el caso.

Al formar una sanción conjunta que puede ser igual a la suma de todas las impuestas (anteriormente no podía ser mayor al delito sancionado severamente.)

15. A los acusados reiterantes, de forma preceptiva (era facultativa hasta el momento) se le aumentan hasta el doble los límites mínimo y máximo previstos cuando el autor haya cometido el hecho durante el cumplimiento de una sanción o medida de seguridad, o encontrándose sujeto a medida cautelar de prisión provisional, evadido de un centro penitenciario o durante el período de prueba correspondiente a la remisión condicional de la sanción.

16. También se establece la obligatoriedad para el Tribunal de adecuar la sanción para los casos de reincidencia o multi reincidencia. Hasta ese momento era discrecional para el Tribunal.

17. Se elevó la cuantía máxima de cada cuota de multa, estableciéndose el límite máximo de cada cuota en cincuenta pesos, el máximo hasta entonces era de 20 pesos.

18. Se crean las nuevas figuras delictivas de tráfico de personas y el lavado de dinero.

19. Aumento de las sanciones en el delito de Robo con Fuerza en las Cosas, Robo con Violencia o Intimidación en las Personas, el Hurto, Violación, Proxenetismo, Corrupción de Menores y Drogas.

20. Crear la figura delictiva de Venta y Tráfico de Menores para aquellos casos que se venda o transfiera a un menor de 16 años de edad a cambio de recompensa, compensación financiera o de otro tipo.

21. Mayor protección a los bienes del patrimonio cultural con mayor severidad en las sanciones y creación de nuevas figuras.

22. Mayor severidad en las sanciones para los que sin poseer la licencia correspondiente, adquieran, porten o tengan en su poder armas de fuego.

23. Se duplicaron los límites mínimos y máximos de la sanción prevista en el Código Penal para el sacrificio ilegal de ganado mayor. También se aumentan las sanciones para el que venda, transporte o en cualquier forma comercie con carne de ganado mayor. Es de significar que este es uno de los delitos de mayor incidencia estadística en la tasa delictiva cubana.

24. <u>Se aumentan las sanciones de los delitos de violación y de pederastia con violencia, estimulados con la prostitución, el alcoholismo, la droga y el desorden social en general.</u>

El derecho penal castrista se ha desarrollado con una orientación política definida para defender, controlar y neutralizar todo intento de resurgimiento de los derechos humanos, la libertad individual, los derechos civiles e individuales del cubano.

El derecho penal ha sido un escudo diabólico de esta confrontación, sus paradigmas han sido un reflejo de la severidad como vía para lograr en un primer instante la utopía de hacer una sociedad socialista con una erradicación total del delito y en una etapa posterior incrementar la decadente arbitrariedad. Ha sido un derecho penal de defensa de lo injusto para darle camino a la destrucción humana y el odio.

Toda esta historia ha tenido un período de casi 50 años en que trató de imponerse un derecho penal particular. Puede atribuirse la frustración de esta experiencia entre otras razones al fracaso del sistema y de su liderazgo, en su total incapacidad de mantener al país con niveles que heredó de antes de 1959, sino que subvirtió el orden político para consagrar una dictadura con el apoyo soviético.

Cada incapacidad del sistema ha generado posibles nuevas conductas de escapes o defensa de parte del individuo que sufre impotente los improcedentes métodos del sistema totalitario y este, para mantener su control, lo encierra en su sistema de cárceles y prisiones. Es de destacar que estas emergencias del sistema se comportan como han demostrado en 60 años, como un espiral descendente, generando cada vez más dificultades que se reflejan en otros elementos del individuo y la sociedad como un todo integrado.

El Derecho para proyectar leyes tiene necesariamente utilizar la interacción dinámica de otras ciencias sociales, como la Demografía, la Economía, La Psicología Social y la Estadística, todas centrándose en el Hombre en sus diferentes niveles proyectándose fundamentalmente en el aspecto preventivo, la sociedad marxista impuesta en Cuba por la URSS ha creado las condiciones de un caos socio económico que no permite la solución porque ella misma crea las condiciones para incrementar la población penal.

<u>La destrucción del concepto de la familia es el epicentro del Plan.</u>

Archivo del autor
Fuente: Tomado de lo publicado en el periódico *Granma* sobre el discurso del 5 de enero de 1999.

Archivos del autor

Capítulo 9

Listado Oficial de Prisiones y Establecimientos Penitenciarios de Cuba por Provincias

<u>El Gobierno de Cuba no brinda cifras reales</u> que pudieran facilitar conocer el real comportamiento de los delitos y la población penal, por lo cual nos vemos obligados a calcular por deducción estadística y encuestas testimoniales para conocer. El listado de las prisiones de Cuba demuestra la falsedad del número que oficialmente el régimen brinda públicamente. A pesar de sus números falsos Cuba ocupa el sexto lugar en el mundo en población penal...

Posición mundial	País	Número de prisioneros	Tasa por cada 100.000 habitantes
6	Cuba	57.337	510
17	Panamá	16.183	390
19	Costa Rica	19.226	374
26	Brasil	675.850	325
27	Uruguay	11.078	321
30	Puerto Rico (EE.UU.)	10.475	313
44	Perú	85.727	267
49	República Dominicana	26.734	244
50	Nicaragua	14.675	238
55	Chile	42.573	233
58	Colombia	115.488	226
60	Ecuador	37.497	222
66	Honduras	18.198	208
72	Paraguay	13.607	199
83	Argentina	81.975	186
90	Venezuela	54.738	173
ndo/noticias-america-latina-39426996		209.749	165

A pesar de que la nación no publica sus datos oficiales con regularidad, el ICPR cita al diario oficial Granma el cual indicó en mayo de 2012 que había 57.337 prisioneros, lo que se traduce en una tasa de <u>510 por cada 100.000</u> habitantes y considerando la exactitud de 587 prisiones y establecimientos penitenciarios, aparece una media por prisión de 97 presos, lo cual resulta absurdo, tendrían tantos presos como guardianes en cada prisión.

Con el número oficial de presos según el periódico Granma, Cuba ocupa el sexto lugar del mundo en cantidad de población penal en relación a sus habitantes. Esto demuestra que el sistema social impuesto por los soviéticos solo destruye y pervierte a sus habitantes.

Apoyados en las anteriores premisas, queremos conocer al número atribuible al promedio de presos por unidad penitenciaria, si sabemos que en las dos provincias estudiadas tenemos los siguientes datos:

Utilizamos las provincias de Ciudad de La Habana y La Habana como poblaciones representativas de la saturación poblacional de las unidades o establecimientos penitenciarios ya que hasta el momento son las que hemos podido someter a una encuesta rigurosa sobre el conocimiento para la ubicación y cantidad de presos en cada una de las unidades localizadas, por lo menos con menos de dos fuentes testimoniales y búsqueda de la localización vía imagen de satélite.

El Sistema de Cárceles y Prisiones del Ministerio del Interior tiene 582 instalaciones, según consta documentalmente y la búsqueda por imágenes vía satélite.

Entonces, estas 582 prisiones nacionales multiplicadas por la media calculada de 786 presos en cada una de ellas, da como resultado 457,452 presos nacionalmente, aunque sabemos que no es una cifra exacta, es un estimado deducido estadísticamente.

A este número se le deben agregar los presos militares (entre 5 y 10,000) y los detenidos en cada una de las unidades policiales, aún no procesados por fiscalía. Estos últimos quizás alcancen a nivel nacional una cifra cercana de acuerdo con la cantidad de unidades de la Policía Nacional y la capacidad de procesamiento y estancia de los detenidos en ellas. Esta cifra podría estar entre 3 y 5,000 personas diariamente, en dependencia de la época del año; los meses más críticos son julio y agosto, con cierto pico en diciembre.

Otro dato de verificación es el número de presos con categoría de sancionados, recibido de fuentes de inteligencia (alguien que vio personalmente por su cargo, la cantidad en una pizarra de partes o reportes diarios): 256,000. Sin embargo, a este número es necesario sumarle una cantidad de 40-45% más por los presos en la categoría de los que les falta documentos o que están pendientes, que comprende a los que aún no han sido sancionados por los tribunales o les falta algún procedimiento penal para adquirir la categoría de "ejecutivamente sancionados". Con esta cifra también verificamos que una cantidad cercana al medio millón es aceptable y puede ser comprobada aritméticamente y estadísticamente aceptable.

Además, los 600 presos extranjeros que están en el Centro Internacional localizado en la Ave. Independencia y Ave. Van Troi en el de Boyeros (antigua Escuela Técnica "Rosalía Abreu" de Técnicos de Jardinería y Floricultura del Ministerio de Educación y el entonces Instituto Nacional de Turismo — INTUR).

$$582 \text{ prisiones} \times 786 \text{ presos} = 457,452 \text{ presos nacionalmente}$$
$$15,000 \text{ presos militares}$$
$$3,000 \text{ detenidos por los órganos fiscales diariamente}$$
$$\mathbf{600 \text{ extranjeros}}$$

$$\text{Total, de presos} = 476,052$$

Análisis de la población penal de Cuba
Esta cifra refleja una tasa de 4,760 presos por cada 100,000 habitantes, para una población total de 11.5 millones de habitantes actuales y de acuerdo a las

estadísticas del Centro Mundial de Estudio sobre las Prisiones del King's College de Londres, Gran Bretaña.

Como se puede observar en la tabla anexa sobre la población penal por países, si Cuba es vista con la información real, en su área geográfica, se eleva a un lugar destacado en cuanto a la cantidad de personas en diferentes tipos de prisiones, reflejándose tras este número el desastre social, político y jurídico del sistema totalitario impuesto por los Castro.

Datos demográficos y étnicos disponibles indican que esta población penal tiene un 90% de raza negros y mestizos (de acuerdo a encuestas del autor entre 1989 y 1996 dentro de los Destacamentos de Prisiones de Cuba), los cuales reflejan la hipócrita premisa de la igualdad social y racial proclamada por la ideología marxista.

En Cuba, cada 9 jóvenes de la raza negra con edad entre 21 y 29 años de edad de la población general, 7 de ellos están o han estado cumpliendo sentencias penales en las prisiones cubanas. Ellos tienen, como promedio, un nivel escolar de secundaria básica o menor y al menos tres sentencias penales ejecutorias antes de los 25 años de edad. La probabilidad al nacer de cumplir alguna sanción en algún momento de su vida es de 0.67. (Cálculos basados en datos del Censo de 2003 en Cuba.)

Población y prisioneros de los grupos etéreos más frecuentes en las prisiones:

Datos interesantes:

Si la población negra en prisión representa el 92% de la población penal total, entonces la cuota poblacional de esta categoría racial debe estar aproximadamente por la cantidad de 385,411 prisioneros negros.

De acuerdo con el Censo de 2003, el estrato de la población de personas negras representa el 10.1%, el cual equivale a 1, 122,892 personas de la raza negra (hombres y mujeres); entre ellos, Los hombres son

563,438. Así, el resultado es que el 67% de la población de hombres negros está en prisión.

Todos los datos anteriores, en su conjunto, es un índice inequívoco de los factores específicos adversos que tienen un impacto en este grupo social que urgentemente necesita salvarse debido a diversas razones humanas, políticas y económicas.

Como referencia, queremos brindarle los datos de la población por razas, según el Censo dc 2002.

A pesar de que la nación no publica sus datos oficiales con regularidad, el ICPR cita al diario oficial Granma el cual indicó en mayo de 2012 que había 57.337 prisioneros, lo que se traduce en una tasa de 510 por cada 100.000 habitantes.

Lista Oficial de Prisiones y Establecimientos penitenciarios de diferentes tipos y sexo.

PROVINCIA   HABANA

1 Prisión Mayor Severidad Guanajay Hombres 845 Hombres

2 Quivican Prisión Aguacate (Quivicán) 5455 Tel: 011-53-6-52885, 55095, Prisión Mayor Severidad de Quivican 1400 Hombres

Cerrado permanente el Destacamento # 14 Contaminación con Tuberculosis

Campamentos y Correccionales Subordinados:

3.- Prisión Correccional Plan Porcino "La Cochiquera"	10
4.- Prisión Correccional La Pimienta	40
5.- Prisión Correccional La Uva	60
6.- Prisión Especial "El Cafetal" Mujeres	300
7.- Prisión Correccional San Felipe Plan Porcino	100
8.- MinInt Quivican 300 Dirección Nacional MinInt	70
9.- Campamento de Trabajo Forzado # 17	300
10.- Prisión Inocencio	200
11.- Prisión Correccional Forestal l	40
12.- Prisión Correccional La Juliana	70

13.- Auto Consumo PNR   40
14.- El Roble   100
15.-Correccional Campamento 19 de Aabril   90
                    Total, Prisión Quivican....2,690 presos
16 Prisión Militar de Mayor Severidad Ganuza San José   1500 Hombres
17 Prisión Melena 2 Melena del Sur Mayor Severidad   1200 Hombres
19 Prisión de Mayor Severidad Güines (André Voisin) Güines Mayor Severidad Hombres 1400
20 Centro Laboral Calderón 2 Alquizar Menor Severidad Hombres 200
21 Centro Laboral Prisión El Jobo Artemisa Menor Severidad   327
22 Prisión El Paraíso   Artemisa Menor Severidad Mujeres   600
24 Prisión Chafarinas   Batabanó Correccional Hombres 160
25 Prisión Los Cocos Melena del Sur Correccional Hombres   300
24 Prisión Aserradero   Melena del Sur Correccional Hombres 350
26 Prisión La Condesa Güines Militares MinInt Hombres 349
26 Prisión San Felipe   Batabanó Correccional Hombres 350
27 Prisión Nave Blanca   Nueva Paz Correccional Hombres 300
28 Prisión El Brillante Artemisa Correccional   Hombres 180
29 La Forestal Correccional   Hombre 240
30 Prisión ECOI-4 Güines Correccional Hombres 250 Hombres
31 Prisión El Violento San José Lajas Correccional Hombres 350
32 Prisión El Henequén Guanajay Correccional Hombres 300
Desapareció con el Ciclón
33 Prisión El Pilar Guanajay Correccional Hombres 300
34 Prisión Pedroso Nueva Paz Correccional 300 Hombres
35 Correccional ECOI-4 Güines del Ministerio del Interior   Hombres   150
36 Prisión Mujeres La Azucena Tumbadero Güira de Melena   Hombres 600
37 Prision Correccional La Aurora Km 18 Carretera Alquizar a Guanimar: Bufalos, Alevines, Forestal y Cultivos Varios   Hombres   150

Ministerio   del   Interior   :   Tel: 011-53-7-587-168

PROVINCIA CIUDAD DE LA HABANA

1 Prisión Combinado del Este Mayor Severidad C. Monumental/Guanabacoa Mayor Severidad Hombres 15,600 Hombres

2 Prisión Valle Grande Marianao/La Lisa Mayor Severidad Hombres 1400

Hombres 3 Prisión El Pitirre (UM 1580)Militar San Miguel del Padrón Mayor Severidad Hombres 560

4 Prisión Occidental de Mujeres o América Libre La Lisa Mayor Severidad Mujeres 700

5 Prisión Micro 4 Este Alamar/Habana del Este Menor Severidad Hombres 900 07

6 Prisión Combinadito (Menores) Guanabacoa Menor Severidad 1500 Hombres

7 Prisión Laboral Central Toledo CUJAE Marianao Menor Severidad Hombres 850

8 Prisión Menor Severidad Mulgoba (Menores) Boyeros Hombres/Mujeres 750

9 Prisión Finca Soledad Carretera Monumental Habana del Este/Guanabacoa Correccional Hombres 550

10 Prisión Micro 10 Rpto. Alamar/H del Este Correccional Hombres 1290

11 Prisión La Lima Guanabacoa Correccional Hombres 780

12 Prisión Laboral Zoológico Nacional y Parque Lenin Boyeros Correccional Hombres 680 h

13 Prisión Centro de Menores San Miguel del Padrón Correccional Hombres 600

14 Prisión Ivanov Cotorro Correccional Hombres 660

15 Prisión Perla Arroyo Naranjo Correccional Hombres 600

16 Prisión Centro de Re Educación Boyeros Correccional Mujeres 450

17 Prisión Guaicanamar Campo Florido Correccional 700 Hombres

18 Prisión La Amalia Boyeros Correccional Hombres 60 Hombres

19.- Unidad PNR 100 y Aldabo Sección de Instrucción de los Delitos Contra la Economía del Departamento Técnico de Investigaciones de la PNR Capacidad 400 detenidos para Instrucción de Causas

Correccionales: Para Auto Consumo y Servicios del Ministerio del Interior talleres y fábricas son operados por presos de diferentes prisiones:

Fábrica de Jamón

Plan Porcino

Plan Avícola

Plan Vacuno

Centro Aviar (Ocas)

Pre Fabricado de Hormigón piezas para edificios y obras civiles

Taller Automotriz Pintura, Chapistería y Mecánica de vehículos del Min INT.

20.- Sección de Instrucción Departamento de Operaciones de Seguridad del Estado Tel: 011-53-7-584251 403535
10 de Octubre Capacidad 150 detenidos para Instrucción de Causas
21.- Centro de Operaciones del Departamento Técnico de Investigaciones Habana Vieja Monserrate #6 PNR con capacidad de 100 detenidos
22.- Centro Internacional Escuela Rosalia Abreu Boyeros Estudiantes Extranjeros 300
23.- Ciudad de La Habana cuenta con 16 Unidades Policiales Municipales cada una con capacidad de 100 detenidos cada una, ADEMAS las llamadas Sub-Unidad PNR con capacidad de 25 detenidos cada una.
TOTAL.- 29,950 presos
Detenidos en PNR, DSE, DTI, CIM 2,500 detenidos

PROVINCIA PINAR DEL RIO

1 Prisión Taco-Taco Cerca de S. Cristóbal/ PR Mayor Severidad Hombres 1300

2 Prisión Cuatro y Medio Car de Viñales/Pinar R Mayor Severidad Mujeres

3 Prisión Cinco y Medio Km. 5 1/2 C. Central/PR Menor Severidad Hombres

4 Prisión Santa Ana S. Cristóbal/ Pinar del R. Menor Severidad Hombres

5 Prisión Km. 8 Pinar del Río Menor Severidad Hombres

6 Prisión Prov. de Pinar del Río Menor Severidad Hombres

7 Prisión de Menores San Cristóbal Menor Severidad Hombres

8 Prisión Sandino Menor Severidad Hombres

9 Prisión El Canal Consolación del Sur Correccional Hombres

10 Prisión Hidropónico Pinar del Río Correccional Hombres

11 Prisión Palenque San Cristóbal Correccional Hombres

12 Prisión Bacanagua Pinar del Río Correccional Hombres

13 Prisión Alonso Rojas Consolación del Sur Correccional Hombres

14 Prisión El Guayabo Pinar del Río Correccional Hombres

15 Prisión Pino Solo II San Luis Correccional Hombres

16 Prisión Siete Mata Pinar del Rio Correccional Hombres

17 Prisión Guajaní (Militar) Pinar del Río Correccional Hombres

18 Prisión Bahía Honda Bahía Honda Correccional Hombres

19 Campamento de Los Palacios Los Palacios Correccional Hombres

20 Prisión El Baragúa Bahía Honda Correccional Hombres

21 Prisión Baró Consolación del Sur Correccional Hombres

22 Prisión El Blay Los Palacios Correccional 300 11/96

23 Prisión Briones Montoto Pinar del Río Correccional Hombres

24 Campamento La Jigua(El Cabo) Sandino Correccional Hombres

25 Campamento La Cruz Guanes Correccional Hombres

26 Campamento María Ceja Consolación del Sur Correccional Hombres

27 Prisión Cayo Largo Consolación del Sur Correccional Hombres

28 Prisión Los Cayos Pinar del Río Correccional Hombres

29 Prisión Cinco Pesos Minas Correccional Hombres

30 Prisión Entronque de Ovas Pinar del Río Correccional Hombres

31 Prisión La Fé Sandino Correccional Hombres

32 Prisión Guane Guane Correccional Hombres

33 Prisión El Jardín Pinar del Río Correccional Hombres

34 Prisión La Jigua Consolación del Sur Correccional Hombres
35 Prisión Jijina Consolación del Sur Correccional Hombres
36 Prisión El Jorobado Pinar del Río Correccional Hombres
37 Prisión Km. 2 1/2 Carretera San Juan y Martínez Correccional Hombres
38 Correccional Km 5 Carretera a Viñales/P del Río Correccional Hombres
39 Correccional Mayaguez Pinar del Río Correccional Hombres
40 Prisión Mango Jobo Consolación del Sur Correccional Hombres
41 Prisión Mariel Pinar del Río Correccional Hombres
42 Prisión La Paloma Pinar del Río Correccional Hombres 500
43 Prisión El Paraíso Minas de Matahambre Correccional Hombres
44 Prisión La Pimienta Minas de Matahambre Correccional Hombres
45 Prisión La Pollera Pinar del Río Correccional Hombres
46 Prisión Pons Minas de Matahambre Correccional Hombres
47 Prisión Puerta de Golpe Consolación del Sur Correccional Hombres
48 Prisión Rancho Ferro San Luis Correccional Hombres
49 Prisión El Rosario Viñales Correccional Hombres
50 Prisión San Miguel Bahía Honda Correccional Hombres
51 Prisión Santa María Pinar del Río Correccional Hombres
52 Prisión Sinfín Consolación del Sur Correccional Hombres
53 Prisión La Victoria Viñales Correccional Hombres
54 Prisión 20 de Mayo Mantua Correccional Hombres 120
55 Correccional la 50 Los Palacios Correccional Hombres
56 Prisión "La Ceiba" Pinar del Río Mayor Severidad Mujeres
57 Prisión Matahambre Pinar del Río Correccional Hombres

PROVINCIA CIENFUEGOS

1 Prisión Ariza Rodas Mayor Severidad Hombres/Mujeres

2 Prisión Lagunilla (La Colmena) Aguada Mayor Severidad Mujeres

3 Prisión Campo Alegre Rodas Correccional Hombres

4 Prisión Las Tecas Cienfuegos Correccional Hombres

5 Prisión El Brazo Palmira Correccional Hombres

6 Prisión Maribona Juraguá Correccional Hombres

7 Prisión Espartaco Palmira Correccional Hombres

8 Prisión Horquitas Abreus Correccional Hombres

9 Prisión Alcalde Mayor Abreus Correccional Hombres

10 Prisión Galeón (Caoba) M. Aguada de Pasajeros Correccional Hombres

11 Prisión Guanito M. Aguada de Pasajeros Correccional Hombres

12 Prisión Juragua(Cultivos) Cienfuegos Correccional Hombres 120

13 Prisión Lagunillas Cienfuegos Correccional Hombres

14 Correccional Vista Alegre de Palmira Correccional Hombres

15 Correccional M. Aguada de Pasajeros

———————————

PROVINCIA VILLA CLARA

1 Prisión Prov. Santa Clara (El Pre) Santa Clara Mayor Severidad Hombres

2 Prisión La Pendiente Sagua La Grande Mayor Severidad Hombres

3 P. Alambrada de Manaca Manaca Mayor Severidad Hombres

4 Prisión Guamajal Santa Clara Mayor Severidad Hombres/Mujeres

5 Prisión El Rojo Santa Clara Menor Severidad Hombres

6 Prisión Santa Clara Santa Clara Correccional Hombres

7 Prisión Motembo Corralillo Correccional Hombres 200 08/96

8 Prisión Las Grimas Placetas Correccional Hombres

9 Prisión San Antonio Cifuentes Correccional Hombres

10 Prisión Punta Felipe Santo Domingo Correccional Hombres

11 Prisión Rojas Camacho Caibarien Correccional Hombres

12 Prisión Valle del Yabú Santa Clara Correccional Hombres

13 Prisión La Esperanza Ranchuelo Correccional Hombres 150 08/96

14 Prisión Camacho Camajuaní Correccional Hombres

15 Prisión Dos Ríos Santo Domingo Correccional Hombres

16 Prisión Sociedad Santo Domingo Correccional Hombres

17 Prisión Palmarito Ranchuelo Correcccional Hombres

18 Prisión Reeducación Menores Santa Clara Correccional Menores/V

19 Prisión Dolores Caibarien Correccional Hombres

20 Prisión El Peñón Encrucijada Correccional Hombres

21 Prisión La Pista Manacas Correccional Hombres

22 Prisión Bernía Santa Clara Correccional Hombres

23 Prisión El Santo Encrucijada Correccional Hombres

24 Prisión Soler Santa Clara Correccional Hombres 120

25 Prisión Nuevo Mundo Corralillo Correccional 138 Hombres

26 Prisión La Oca Corralillo Correccional 216 Hombres

27 Prisión Palma Sola Corralillo Correccional Hombres 104

28 Prisión La Biajaca Manicaragua Correccional Hombres

29 Prisión La Guerra Caibarien Correccional 347 Hombres

30 Prisión Pavón Encrucijada Correccional Hombres

31 Prisión Tierra Fría Camajuaní Correccional Hombres

32 Prisión Parrado Calabazar de Sagua Correccional 159 Hombres

33 Correccional Pantín de Corralillo Correccional 56 Hombres

Seguridad del Estado en Villa Clara

011-53-42-203177

DTI: 011-53-42-208287

PROVINCIA CIEGO DE ÁVILA

1 Prisión Canaleta Ciego de Avila Mayor Severidad Hombre 1750

2 Prisión Ceballos Ciego de Avila Mayor Severidad Mujeres 20

3 Prisión Morón (militar) Morón Menor Severidad Hombres 500
Tel: 011-53-33-53182

4 Prisión Centro. Prov. (Menores) Ciego de Avila Menor Severidad 5 Prisión La Cuba Gaspar Correccional Hombres

6 Prisión Nadale Ciego de Avila Correccional Hombres

7 Prisión Nadale 2 Ciego de Avila Correccional Hombres

8 Prisión Capote Chanbas Correccional Hombres

9 Prisión La Ofelia Venezuela Correccional Hombres

10 Prisión Pitajones Central Venezuela Correccional Hombres 300

11 Prisión Cunagua Cunagua Correccional Hombres

12 Prisión Sanguily Correccional Hombres

13 Prisión Majagua Majagua/Ciego de Avila Correccional Hombres

14 Prisión Andre Voisón Ciego de Avila Correccional Hombres

15 Prisión El Azufre Ciego de Avila Correccional Hombres 20

16 Prisión Materias Primas Ciego de Avila Correccional Hombres

17 Prisión Manga Larga Chambas Correccional Hombres

18 Prisión Palma Mocha Majagua Correccional Hombres 228

19 Prisión Columna (F.B) Ciro Redondo Correccional Hombres 258

20 Prisión La Virginia Ciro Redondo Correccional Hombres 150

PROVINCIA CAMAGÜEY:

1 Prisión Prov. Cerámica Roja Camagüey Mayor Severidad Hombres 1180

2 Prisión Kilo-5 Carretera Camagüey/Nuevitas Mayor Severidad Mujeres 120

3 Prisión Kilo-8 (La Especial) Camagüey Mayor Severidad Hombres 650

4 Prisión Kilo-7 Carretera Camagüey/Nuevita Mayor Severidad Hombres 2750 09/96

5 Prisión 7 Palmas(Menores) Vertientes Menor Severidad Hombres/Mujeres

6 Prisión La Disciplinaria Camagüey Menor Severidad Hombres 1120 09/96

7 Prisión 6 1/2 (de menores) Sta. Cruz del Sur Menor Severidad Hombres/Mujeres 200 09/96

8 Prisión La Josefina Km. 31 Jimagüyú Menor Severidad Hombres

9 Prisión Rehabilitación Jóvenes Camagüey Menor Severidad Hombres/Mujeres 250 09/96

10 Prisión La Forestal Sta. Cruz del Sur Menor Severidad Hombres

11 Prisión Los Ranchos Nuevitas Correccional Hombres

12 Prisión Sabanilla Camagüey Correccional Hom/Muj

13 Prisión Camalote Nuevitas Correccional Hombres

14 Prisión San José Sta. Cruz del Sur Correccional Hombres

15 Prisión Curajaya Sta. Cruz del Sur Correccional Hombres

16 Prisión La Leña Nuevitas Correccional Hombres

17 Prisión La Uva Sta. Cruz del Sur Correccional Hombres

18 Prisión La 26 Sta. Lucia/Nuevitas Correccional Hombres

19 Prisión Las Cuarentas Km. 40 / Nuevitas Correccional Hombres

20 Prisión Limones Sibanicú Correccional Hombres

21 Prisión Las Cruces Nuevitas Correccional Hombres

22 Prisión Cabeza de Vaca Camagüey Correccional Hombres

23 Prisión La Granjita Sola Correccional Hombres

24 Prisión La 80 Guaimaro Correccional Hombres

25 Prisión Vilató Sibanicú Correccional Hombres

26 Prisión Maraguán Sibanicú Correccional Hombres

27 Prisión El Anoncillo Jemaguayú Correccional Hombres

28 Prisión El Acueducto Camagüey Correccional Hombres

29 Prisión El Aguacate Camagüey Correccional Mujeres

30 Prisión El Cultivo Camagüey Correccional Hombres

31 Prisión La Arrocera Florida Correccional Hombres

32 Prisión La Ensamblada Florida Correccional Hombres

33 Prisión La Vallita Florida Correccional Hombres

34 Prisión La Chivera Sierra de Cubitas Correccional Hombres

35 Prisión Los Corrales Sierra de Cubitas Correccional Hombres

36 Prisión Corderos Sierra de Cubitas Correccional Hombres 111 12/96

37 Prisión La Atómica Sierra de Cubitas Correccional Hombres

38 Prisión La Finquita Sierra de Cubitas Correccional Hombres

39 Prisión Cayo Romano Nuevitas Correccional Hombres

40 Prisión Guarda Frontera Nuevitas Correccional Hombres

41 Prisión Laguna Grande Nuevitas Correccional Hombres

42 Prisión Playa Santa Lucia Nuevitas Correccional Hombres

43 Prisión Punta de Ganado Playa Sta. Lucia/Nuevitas Correccional Hombres

44 Prisión La Pulga Najasa Correccional Hombres

45 Prisión La Bayamesa Najasa Correccional Hombres

46 Prisión Los Bomberos Vertientes Correccional Hombres

47 Prisión Laguna de Guano Vertientes Correccional Hombres

48 Prisión El Paraíso Vertientes Correccional Hombres

49 Prisión Santa Gertrudis Vertientes Correccional

50 Prisión Verdún Vertientes Correccional Hombres

51 Prisión La 500 Vertientes Correccional Hombres

52 Prisión Laguna del Pando Esmeralda Correccional Hombres

53 Prisión Lombillo Esmeralda Correccional Hombres

54 Prisión Paso de los Vientos Esmeralda Correccional Hombres

55 Prisión La 100 Esmeralda Correccional Hombres

56 Prisión El Cristo Esmeralda Correccional Hombres

57 Prisión Las Marías Sta. Cruz del Sur Correccional Hombres

58 Prisión Ojo de Agua Sta. Cruz del Sur Correccional Hombres

59 Prisión El Senado Minas Correccional Hombres

60 Prisión El Flamenco C. M. de Céspedes Correccional Hombres

61 Prisión Plan Porcino C. M. de Céspedes Correccional Hombres

PROVINCIA VICTORIA DE LAS TUNAS

1 Prisión Prov. El Típico Las Tunas Mayor Severidad Hombres 2015

 2 Prisión Prov. Yarigua El Cruce de Domínguez Mayor Severidad Mujeres

3 Prisión La Matilde Las Tunas Mayor Severidad Mujeres 500

4 Prisión Potosí Camino del Oriente Mayor Severidad Hombres 300

5 Prisión Prov. Becerra Car Puerto Padre Menor Severidad Menores/V 750

6 Prisión ROHT Manatí Menor Severidad Hombres 100 09/96

7 Prislón La Larga C. Central/Circunvalación Correccional Hombres 100 09/96

8 Prisión El Indio Amancio Rodríguez Correccional Hombres 12 09/96

9 Prisión La Palma Jesús Menéndez Correccional Hombres 150 09/96

10 Prisión Laboral Piedra Hueca Puerto Padre Correccional Hombres

11 Prisión Los Cocos Las Tunas Correccional Hombres 16 09/96

12 Prisión Loma Alta Jobabo Correccional Hombre

13 Prisión La Horqueta Las Tunas Correccional Hombres 200 09/96

14 Prisión La Estrella Las Tunas Correccional Hombres

15 Prisión La Emilia Jobabo Correccional Hombres

16 Prisión La Cantera Las Tunas Correccional Hombres 18 09/96

17 Prisión Callojo Jobabo Correccional Hombres 20 09/96

18 Prisión Brigada Siete(7) Majibacoa Correccional Hombres 300 09/96

19 Prisión Dormitorio Las Tunas Correccional Hombres

20 Prisión Galvez Las Tunas Correccional Hombres

21 Prisión La Veguita Las Tunas Correccional Hombres 100 09/96

22 Prisión El Parnaso Las Tunas Correccional Hombres 28 09/96

23 Prisión La Piedra Las Tunas Correccional Hombres

24 Prisión San Gregorio Las Tunas Correccional Hombres

25 Prisión Típico Las Tunas Correccional Hombres 56 09/96

26 Prisión Los Esteros Amancio Rguez. Correccional Hombres 16

27 Prisión Las Olemas Amancio Rguez. Correccional Hombres 30
28 Prisión El Paraiso Amancio Rguez. Correccional Hombres 196
29 Prisión Sta. Amalia(Caña/Pecuaria) Amancio Rguez. Correccional
30 Prisión Torres Amancio Rguez. Correccional 110
31 Prisión Pérez Majibacoa Correccional
32 Prisión La Perla Manatí Correccional Hombres 357
33 Prisión La Torcaza Puerto Padre Correccional Hombres 400
34 Centro Prov. Menores Las Tunas Menor Severidad 150

PROVINCIA GUANTÁNAMO

1 Combinado Guantánamo
Ciudad Guantánamo Mayor Severidad Hombres/Mujeres 268
2 Prisión A-500 Guantánamo Mayor Severidad Hombres
3 Prisión La Disciplinaria Guantánamo Mayor Severidad Hombres
4 Prisión Paso de Cuba Baracoa Mayor Severidad Hombres 100
5 Prisión Boina Roja Guantánamo Mayor Severidad Hombres
6 Prisión Santa Rosa Maisí Mayor Severidad 17
7 Prisión Tumba Labana El Salvador Mayor Severidad Mujeres
8 Prisión El Picculino Yatera Menor Severidad Mujeres 48
9 Prisión Bayate Guantánamo Correccional Hombres 84
10 Prisión La Linagua Guantánamo Correccional Hombres
11 Prisión La Granadilla Guantánamo Correccional Hombres
12 Prisión El Corojo Manuel Tamés Correccional Hombres
13 Prisión San Idelfonso El Salvador Correccional Mujeres 45
14 Prisión Chafarina El Salvador Correccional Hombres 46
15 Prisión La Cerámica Caimanera Correccional Hombres
16 Prisión La Victoria El Salvador Correccional Hombres
17 Prisión La Piña Guantánamo Correccional Hombres
18 Prisión La Lola Guantánamo Correccional Hombres
19 Prisión Majimiana Guantánamo Correccional Hombres 138
20 Prisión Jagüeyón Guantánamo Correccional Hombres
21 Prisión El Caro El Salvador Correccional Hombres 78
22 Prisión Carrera Larga El Salvador Correccional Hombres 176
23 Prisión La Forestal El Salvador Correccional Hombres 38
24 Prisión La Quijada El Salvador Correccional Hombres 32
25 Prisión San Esteban El Salvador Correccional Hombres
26 Prisión Santa Fé El Salvador Correccional Hombres 56
27 Prisión La Tinaja El Salvador Correccional Hombres 54
28 Prisión El Yarey El Salvador Correccional Hombres 48
29 Prisión Manigüero El Salvador Correccional Hombres
30 Prisión El Güiral El Salvador Correccional Hombres
31 Prisión El Salvador El Salvador Correccional Hombres
32 Prisión Perseverancia El Salvador Correccional Hombres
33 Prisión Sabaneta El Salvador Correccional Hombres
34 Prisión El Limonar El Salvador Correccional Hombres 54
35 Prisión El Aguacate El Salvador Correccional Hombres 66
36 Prisión El Jobito (Niños 7 a 16 años) El Salvador Correccional
Hombres 136
37 Prisión Organopónico 16 Sur Guantánamo Correccional Hombres 33

38 Prisión Los Pinos Guantánamo Correccional Hombres 38
39 Prisión San Carlos Guantánamo Correccional Hombres 56
40 Prisión Santa Catalina Guantánamo Correccional Hombres 88
41 Prisión Santa Cecilia Guantánamo Correccional Hombres 45
42 Prisión La Tagua Guantánamo Correccional Hombres 76
43 Prisión El Nipero Guantánamo Correccional Hombres
44 Prisión Alto del Mango Guantánamo Correccional Hombres
45 Prisión Montgomery Guantánamo Correccional Hombres
46 Prisión La Cantera Guantánamo Correccional Hombres
47 Prisión La Sorpresa Guantánamo Correccional Hombres
48 Prisión Casimba Arriba Guantánamo Correccional Hombres
49 Prisión Maqueisito Guantánamo Correccional Hombres
50 Prisión Palenquito Yatera Correccional Hombres 68
51 Prisión Riito Yatera Correccional Hombres 96
52 Prisión Peña Blanca Yatera Correccional Hombres 54
53 Prisión Vía Mulata Yatera Correccional Hombres 66
54 Prisión La Bamaba Yatera Correccional Hombres
55 Prisión San Andrés Yatera Correccional Hombres
56 Prisión Caridad de los Indios Yatera Correccional Hombres
57 Prisión El Mosquitero Baracoa Correccional Hombres 45
58 Prisión La Poa Baracoa Correccional Hombres 109
59 Prisión San German 1 Baracoa Correccional Hombres 64
60 Prisión San German 2 Baracoa Correccional Hombres 49
61 Prisión Tres Veredas Baracoa Correccional Hombres 98
62 Prisión Zoológico Baracoa Correccional Hombres 30
63 Prisión Loma del Pino Baracoa Correccional Hombres
64 Prisión Manguito Baracoa Correccional Hombres
65 Prisión Río Seco Maisí Correccional Hombres 18
66 Prisión La Tolba Maisí Correccional Hombres 34
67 Prisión La Vega Maisí Correccional Hombres 36
68 Prisión La Mulata Maisí Correccional Hombres
69 Prisión La Máquina Maisí Correccional Hombres
70 Prisión La Ceiba Maisí Correccional Hombres
71 Prisión La Placita Maisí Correccional Hombres 28
72 Prisión El Veril Maisí Correccional Hombres
73 Prisión Cantillo Maisí Correccional Hombres
74 Prisión Santa Marta Maisí Correccional Hombres 28
75 Prisión Los Calderos Imías Correccional Hombres
76 Prisión Yacabo Arriba Imías Correccional Hombres
77 Prisión Mariana San Antonio del Sur Correccional Hombres 36

78 Prisión Los Mulos San Ant. del Sur Correccional Hombres 40
79 Prisión Viento Frío San Ant. del Sur Correccional Hombres 126
80 Prisión Puriales de Caujerí San Ant. del Sur Correccional Hombres 28
81 Prisión Quivicán San Ant. del Sur Correccional Hombres 138
82 Prisión Guaybano San Ant. del Sur Correccional Hombres
83 Prisión Ciro Fría Manuel Tomé Correccional
84 Prisión Santa Teresa Manuel Tomé Correccional Hombres
85 Prisión El Rayo Caimanera Correccional Hombres 53
86 Prisión La Jabilla Caimanera Correccional Hombres
87 Prisión Palma San Juan Niceto Pérez Correccional Hombres 68
88 Prisión La Sorpresa Niceto Pérez Correccional Hombres 78
89 Prisión La Yaya Niceto Pérez Correccional Hombres 105
90 Prisión Granadillo Niceto Pérez Correccional Hombres
91 Prisión Casimba de Filipina Niceto Pérez Correccional Hombres
92 Prisión Maca Arriba Niceto Pérez Correccional Hombres
93 Prisión Cabaña Niceto Pérez Correccional Hombres
94 Prisión Patrullas de Guantánamo Correccional Hombres 12
95 Prisión Yagrumage Baracoa Correccional Hombres 103

PROVINCIA SANTIAGO DE CUBA

1 Prisión de Boniato Puerto Boniato Mayor Severidad Hombres 2000

2 Prisión Mar Verde Carretera Mar Verde Mayor Severidad Hombres/Mujeres 1000/143

3 Prisión Aguadores Carretera al Aeropuerto Mayor Severidad Hom/Muj.

4 Prisión Moscú Mayor Severidad Hombres 1346

5 Prisión Guamá Menor Severidad Hombres 867

6 Prisión El Caguayo Menor Severidad Hombres 160

7 Provincial de Menores Carretera Mar Verde Menor Severidad Hombres

8 Prisión La Caoba Palma Soriano Menor Severidad Hombres 600

9 Prisión San Luis San Luis Menor Severidad Hombres

10 Prisión Aguadores Stgo. de Cuba Menor Severidad Mujeres 597

11 Prisión Jineteras Stgo. de Cuba Menor Severidad Mujeres 200

12 Prisión Bahía Larga Chivirico/Ctmaestre Menor Severidad Hombres

13 Prisión El Manguito La Maya Menor Severidad Hombres 315

14 Prisión Sigua Carretera Baconao Correccional Hombres

15 Prisión Ciudamar Stgo. de Cuba/P. Gorda Correccional Hombres

16 Prisión Laguna Blanca Contramaestre Correccional Hombres

17 Prisión Chivirico Contramaestre Correccional Hombres

18 Prisión Cuatro Caminos Songo/La Maya Correccional Hombres 85

19 Prisión Cupey Palma Soriano Correccional

20 Prisión Tilita Contramaestre Correccional Hombres

21 Prisión Damajayabo Stgo. de Cuba Correccional Hombres

22 Prisión El Mesón San Luis Correccional Hombres

23 Prisión Los Camilitos San Luis Correccional Hombres

24 Prisión Caballar San Luis Correccional Hombres

25 Prisión El Tablón Stgo.de Cuba Correccional Hombres

26 Prisión El Alambre San Luis Correccional Hombres

27 Prisión Cruce de Prieto Contramaestre Correccional Hombres

28 Prisión Limoncito Contramaestre Correccional Hombres

29 Prisión La Torcaza Contramaestre Correccional Hombres

30 Prisión La Venta Contramaestre. Correccional Hombres

31 Prisión Piñar de las Canas Chivirico Correccional Hombres

32 Prisión Alcarraza Chivirico Correccional Hombres

33 Prisión Baraguá Mella Correccional Hombres

34 Prisión Cortadera Segundo Frente Correccional

35 Prisión La Mulata Segundo Frente Correccional Hombres 60

36 Prisión El Rosario Segundo Frente Correccional Hombres 20

37 Prisión La Victoria La Maya Correccional Hombres 135

38 Prisión Santa María La Maya Correccional Hombres 118

Capítulo 10

Cuba en el Mundo

Siendo la población Penal de Cuba de unos 485,000 presos la tasa de 4850/100000 sobrepasa a EU en 6.3 veces. EU que es el único o uno de los pocos que reporta datos reales de su población penal con 760/100,000, pero realmente tiene casi un 57% de personas extranjeros en sus prisiones y el 87% de los delitos están en relación con los Delitos de Drogas que son introducidos desde el exterior.

Para la situación real de Cuba la cantidad de 60,000 presos es ridícula, no obstante con esa cantidad se acomoda tranquilamente en el quinto puesto del listado Mundial por tasa de prisioneros por cada 100000 habitantes.

En el caso de Cuba el 78 % de los Delitos están en relación con Delitos Contra la Economía, ya que el Sistema Castro/Comunista limita el Derecho Civiles como son la adquisición de los Bienes Materiales en especial la Comida, la Vivienda, La Ropa, el Calzado y los bienes de Consumo y el individuo se precisa obligado a obtenerlos para su supervivencia y satisfacer sus básicas necesidades. En los primeros cuatro años del poder soviético en Cuba, los Tribunales Revolucionarios condenaban como delitos contra revolucionarios a muchos delitos comunes relacionados con la propiedad. Tamaña barbaridad jurídica.

Existe en el Código cubano la figura de "escándalo público", que se sanciona con cárcel de 3 meses a 1 año o multa para quien "importune a otro con requerimientos homosexuales" o exhiba su miembro viril, "ofenda el pudor o las buenas costumbres con exhibiciones impúdicas o cualquier otro acto de escándalo público" o difunda pornografía. Llama la atención el contraste de la baja sanción por la ofensa a la moral individual, con ligeras sentencias y las ofensas políticas obtienen casi 20 veces mas castigo que estas contra el ciudadano y sus conceptos éticos.

No hay benevolencia para las conductas delictivas o antisociales que apuntan a minar el orden y la autoridad estatal. Así por ejemplo existe la figura del desacato (por amenazas y ofensas a la autoridad, con sanción de 3 meses a 1 año de privación de la libertad y/o multa).

En el capítulo referido a la Seguridad interior, se prevé que quienes, "tumultuariamente y mediante concierto expreso o tácito, empleando violencia, perturben el orden socialista o la celebración de elecciones o referendos, o impidan el cumplimiento de alguna sentencia, disposición legal o medida dictada por el Gobierno, o por una autoridad civil o militar (...) o rehúsen obedecerlas, o realicen exigencias, o se resistan a cumplir sus deberes" serán sancionados con privación de libertad de diez a veinte años o muerte.

La dictadura del proletariado no perdona cualquier tipo de manifestación antigobierno o huelgas punibles con "sanción de privación de libertad de tres meses a un año o multa o ambas" para el que "en lugares públicos, espectáculos o reuniones numerosas, utilice gritos de alarma, llamado a rebelión, profiera amenazas de un peligro común o realice cualquier otro acto con el propósito de provocar pánico o tumulto". Se castiga la ofensa y desobediencia a la autoridad (funcionarios, policía) con penas que pueden ir hasta la privación de libertad (3 anos a pena de muerte).

Para los funcionarios también hay "mano dura": el cohecho puede ser castigado con un máximo de 15 años de prisión.

Cárceles a pleno

Existe el "trabajo correccional", como sanción, con internamiento. Léase: campamentos de trabajo.

En cuanto a la libertad condicional, los primarios deben cumplir la mitad de la pena para recibir ese beneficio y los reincidentes tres cuartos.

El intento de fuga, si es colectivo, tiene una pena de prisión de 4 a 10 años, además de la condena que ya se está cumpliendo.

Si en la fuga hubo complicidad de un funcionario a éste le caben de 3 a 8 años de cárcel. Si fue sólo descuido, hay benevolencia: sólo será de 1 a 3 años. Y de 4 a 10 años de prisión para los que se amotinen en cárcel.

En junio pasado, el gobierno modificó por decreto el Código y la Ley de Procedimiento Penal no tanto en función de suavizarlo sino fundamentalmente para resolver el problema de la superpoblación carcelaria.

Los cambios, que entraron en vigor el 1º de octubre, permiten, entre otras cosas, a los tribunales imponer multas en lugar de privación de la libertad en caso de que en la comisión del delito se evidencie escasa "peligrosidad social", y si la sanción prevista para el delito en cuestión no excede los tres años de privación de libertad.

Se espera de este modo aliviar la presión sobre las más de 200 cárceles, centros de detención y campamentos de trabajo del sistema penitenciario cubano, donde existe un exceso de población penal por metro cuadrado de habitáculos.

Es preciso llamar la atención a la cantidad no proporcional al estrato población que obtienen como población general de cubanos negros en la prisiones.

Los negros en las prisiones cubanas hacen una proporción mayoritaria de un 92%, de acuerdo con las Estadísticas que mantuve durante 6 años en la prisión de Quivican, la prisión de Quivican pudiera ser representativa de esa proporción, inclusive bajándole con un margen de confianza en un 5%.

<u>Datos de King's College of London</u>, sede del Centro Mundial para el Estudio de Prisiones de las Naciones Unidas. Datos enviados oficialmente por el gobierno cubano, quie reporta una población penal de 60,000 presos comunes, dato falso.

Datos Reportados por Cuba, sobre su población Penal.

Poblacion Mundial de Prisioneros
Proporción de la Población Penal 1/100,000 de la población de cada país, de acurdo a las Estadísticas de Naciones Unidas. En el listado aparece Cuba con los datos obtenidos por el autor, los datos de Cuba dicen ser 30,000 presos, sin número de prisiones. El listado por provincia con direcciones o localizaciones verificables.

El número de estas prisiones esta entre 531 y 584 establecimientos penitenciarios, ya que después de los huracanas se vieron algunas destruidas las edificaciones.

1	United States of America	760
2	St. Kitts and Nevis	660
3	Russian Federation	628
4	Rwanda	593
5	Cuba (4,850)	c.531
6	Virgin Islands (USA)	512
7	Virgin Islands (United Kingdom)	488
8	Palau	478
9	Belize	476
10	Belarus	468
11	Grenada	427
12	Georgia	415
13	American Samoa (USA)	410
14	Bahamas	407
15	Anguilla (United Kingdom)	401
16	Bermuda (United Kingdom)	394
17	Kazakhstan	382
18	Cayman Islands (United Kingdom)	380

19	Barbados	379
20	Seychelles	371
21	French Guiana/Guyane (France)	365
22	Suriname	c.356
23	Dominica	348
24	St. Vincent and the Grenadines	346
25	Maldives	343
26	South Africa	335
27	Greenland (Denmark)	334
28	Puerto Rico (USA)	330
29	Antigua and Barbuda	329
29	Botswana	329
31	Israel	325
32	Netherlands Antilles (Netherlands)	319
33	Ukraine	317
34	Chile	309
35	St. Lucia	303
36	Panama	301

37	Guam (USA)	296
38	Trinidad and Tobago	293
39	Latvia	288
40	Taiwan	280
41	Aruba (Netherlands)	277
42	El Salvador	273
42	Estonia	273
44	Singapore	267
45	Tunisia	c.263
46	Guyana	260
47	Thailand	257
48	Mongolia	244
49	United Arab Emirates	238
50	Lithuania	234
51	Swaziland	231
52	Azerbaijan	229
53	Brazil	227
53	Moldova (Republic of)	227

55	Poland	225
56	Turkmenistan	224
57	Iran	222
58	Libya	209
59	Mexico	207
60	Czech Republic	206
61	Costa Rica	204
62	Jersey (United Kingdom)	203
63	Gabon	196
64	Namibia	194
65	Uruguay	193
66	Malaysia	192
67	Martinique (France)	191
68	New Zealand	185
69	Cape Verde (Cabo Verde)	178
69	Saudi Arabia	178
71	Guadeloupe (France)	174
71	Jamaica	174

73	Morocco	167
74	Mauritius	166
75	Dominican Republic	165
76	Spain	163
77	Honduras	161
77	Macau (China)	161
77	Reunion (France)	161
80	Albania	159
80	Lebanon	159
82	Algeria	158
83	Luxembourg	155
83	United Kingdom: Scotland	155
85	Argentina	154
85	Gibraltar (United Kingdom)	154
87	French Polynesia (France)	153
88	Turkey	152
89	Northern Mariana Islands (USA)	151
89	Slovakia	151

89	United Kingdom: England & Wales	151
92	Colombia	150
92	Peru	150
94	Hungary	149
95	Bulgaria	144
95	Lesotho	144
97	Hong Kong (China)	143
97	Serbia	143
99	Cameroon	139
100	Zimbabwe	136
101	Kyrgyzstan	133
101	New Caledonia (France)	133
103	Kenya	130
103	Kuwait	130
105	Australia	129
106	Isle of Man (United Kingdom)	127
107	Cook Islands (New Zealand)	126
107	Ecuador	126

107	Myanmar (formerly Burma)	126
107	Romania	126
111	Brunei Darussalam	124
112	Uzbekistan	122
112	Zambia	122
114	Sri Lanka	121
115	China	119
116	Jordan	118
117	Canada	116
118	Guernsey (United Kingdom)	113
119	Armenia	109
119	Greece	109
119	Tajikistan	109
122	Montenegro	108
122	Philippines	108
124	Macedonia (former Yugoslav Republic of)	107
124	Nicaragua	107
124	Vietnam	107

127	Fiji	106
128	Monaco	105
129	Burundi	104
129	Portugal	104
131	Netherlands	100
131	Tanzania	100
133	Samoa (formerly Western Samoa)	99
134	Ethiopia	c.98
135	Italy	97
135	Republic of (South) Korea	97
137	France	96
138	Austria	95
138	Bahrain	95
138	Malta	95
138	Paraguay	95
142	Belgium	93
142	Croatia	93
142	Iraq	93

145	Germany	88
145	Uganda	88
147	Egypt	85
147	Mayotte (France)	85
147	Venezuela	85
150	Cyprus (Republic of)	83
150	Haiti	83
150	Sao Tome e Principe	83
150	Yemen	83
154	Bolivia	82
154	Kiribati	82
154	United Kingdom: Northern Ireland	82
157	Ireland, Republic of	81
157	Madagascar	81
157	Oman	81
160	Cambodia	79
161	Malawi	78
161	Marshall Islands	78

163	Switzerland	76
164	Sweden	74
164	Tonga	74
166	Mozambique	c.73
167	Laos	69
167	Norway	69
167	Papua New Guinea	69
170	Bosnia and Herzegovina: Federation	67
170	Micronesia, Federated States of	67
172	Benin	66
172	Bosnia and Herzegovina: Respublika Srpska	66
174	Slovenia	65
174	Togo	65
176	Finland	64
177	Denmark	63
177	Japan	63
179	Kosovo/Kosova	c.62
180	Djibouti	61

181	Ghana	59
181	Guatemala	59
183	Indonesia	58
183	Syria	58
185	Democratic Republic of Congo (formerly Zaire)	c.57
186	Cote d'Ivoire	56
187	Pakistan	55
187	Qatar	55
189	Senegal	53
189	Vanuatu	53
191	Angola	c.52
192	Bangladesh	51
193	Niger	46
194	Afghanistan	44
194	Iceland	44
196	Solomon Islands	42
197	Andorra	37
197	Republic of Guinea	37

199	Sudan	c.36
200	Chad	35
201	Sierra Leone	34
202	India	33
202	Mali	33
204	Gambia	32
205	Congo (Brazzaville)	c.31
206	Comoros	c.30
207	Central African Republic	29
207	Liberia	29
209	Mauritania	26
209	Nigeria	26
211	Tuvalu	25
212	Nepal	c.24
213	Burkina Faso	23
213	Faeroe Islands (Denmark)	23
213	Nauru	23
216	Liechtenstein	20

217	Timor-Leste (formerly East Timor)	15

Caribbean - Prison Population Totals

1	**Cuba Reporte oficial 55,000**	455,000 Real
2	**Dominican Republic**	16,457
3	**Puerto Rico (USA)**	13,215
4	**Haiti**	8,345
5	**Jamaica**	4,709
6	**Trinidad and Tobago**	3,803
7	**Bahamas**	1,380
8	**Barbados**	1,030
9	**Guadeloupe (France)**	790
10	**Martinique (France)**	763
11	**Netherlands Antilles (Netherlands)**	713
12	Virgin Islands (USA)	555
13	St. Lucia	503
14	**St. Vincent and the Grenadines**	410
15	Grenada	386

16	Aruba (Netherlands)	277
17	St. Kitts and Nevis	262
18	Dominica	254
19	Antigua and Barbuda	229
20	Cayman Islands (United Kingdom)	207
21	Virgin Islands (United Kingdom)	117
22	Anguilla (United Kingdom)	55

América del Sur Población Total de Presos

1	Brazil	440,013
2	Colombia	69,979
3	Argentina	60,621
4	Chile	52,375
5	Peru	43,698
6	Venezuela	24,069
7	Ecuador	17,065
8	Bolivia	7,682
9	Uruguay	6,947
10	Paraguay	5,889
11	Guyana	1,955

12	c.1,600	
13	French Guiana/Guyane (France)	746

Made in the USA
Columbia, SC
21 October 2022